反垄断监管与研发投入：
机制与路径

Antitrust Regulation and Corporate R&D Investment:
Mechanism and Channel

许诺 著

中国财经出版传媒集团
经济科学出版社
Economic Science Press

图书在版编目（CIP）数据

反垄断监管与研发投入：机制与路径/许诺著．－－北京：经济科学出版社，2022.2
（仰山学术文库）
ISBN 978 - 7 - 5218 - 3457 - 4

Ⅰ.①反… Ⅱ.①许… Ⅲ.①反垄断 - 影响 - 企业 - 技术开发 - 资金投入 - 研究　Ⅳ.①F273.1

中国版本图书馆 CIP 数据核字（2022）第 034788 号

责任编辑：白　静　庞丽佳
责任校对：孙　晨
责任印制：邱　天

反垄断监管与研发投入：机制与路径

许　诺　著

经济科学出版社出版、发行　新华书店经销
社址：北京市海淀区阜成路甲 28 号　邮编：100142
总编部电话：010 - 88191217　发行部电话：010 - 88191522
网址：www.esp.com.cn
电子邮箱：esp@esp.com.cn
天猫网店：经济科学出版社旗舰店
网址：http://jjkxcbs.tmall.com
北京时捷印刷有限公司印装
710×1000　16 开　14.5 印张　200000 字
2022 年 6 月第 1 版　2022 年 6 月第 1 次印刷
ISBN 978 - 7 - 5218 - 3457 - 4　定价：58.00 元
（图书出现印装问题，本社负责调换。电话：010 - 88191510）
（版权所有　侵权必究　打击盗版　举报热线：010 - 88191661
QQ：2242791300　营销中心电话：010 - 88191537
电子邮箱：dbts@esp.com.cn）

本书是以本人博士毕业论文为基础修改而成的学术专著，为本人在浙江财经大学中国政府管制研究院的博士后在站成果。本书受到浙江省新型重点专业智库"浙江财经大学中国政府监管与公共政策研究院"、国家自然科学基金面上项目《竞争政策与微观企业行为——基于〈反垄断法〉实施的准自然实验》（项目编号：71972194）、国家自然科学基金青年项目《公平竞争审查与企业投资行为》（项目编号：72102206）、浙江财经大学东方学院院级重点项目《市场规制与企业研发投入——基于反垄断法实施的准自然实验》（项目编号：2021dfyz001）、2021年度学术专著出版资金项目"浙江财经大学东方学院仰山学术文库"以及2020年科研创新团队建设项目的资助。

前言

竞争是市场经济的基石,《反垄断法》及其反垄断政策则是维护市场经济秩序、保护市场竞争的利器。市场充分竞争的结果是企业生产效率的提升、技术更迭的加速、社会福利的增进与国家经济的增长。我国正处于经济转型时期,转型经济体中的经济垄断行为、行政垄断行为、行政性企业垄断的存在,造成了市场准入壁垒、要素扭曲定价及限制公平竞争行为,导致市场竞争格局的改变与恶化。作为我国"经济宪法"的《反垄断法》,在破除行政垄断、限制经济垄断层面产生了决定性的影响,其保护市场竞争环境、持续优化营商环境的功能,是否以及如何对企业的要素配置、技术进步产生影响?

本书通过对我国的反垄断制度背景与规制理论研究进行梳理,发现与西方国家发达的市场经济与自由化理念不同,我国既存在经济意义上的垄断行为,又存在行政垄断向经济垄断的衍生控制,两者效应难以分离但又事实造成了执法差异,产生了不同的影响与经济结果。因此,为了探究反垄断政策对企业研发投入策略的影响,本书从三个视角、三个不同的市场分别探究了反垄断政策对企业研发决策的影响机制与路径：第一，要素市场。企业组织生产营运需要投入基本的生产要素，然而脱胎于计划经济的要素市场，其市场化进程远远慢于产品市场化进程，核心要素仍掌握在政府手中，在长期扭曲的要素定价机制中，要素价格扭曲极大地影响了要素配置与产出效率，企业往往呈现依赖资本粗放驱动的增长模式，"做大而不做强"成为企业创新发展的障碍。反垄断针对市场经济垄断行为和行政垄断行为的治理，是否能改变企业微观要素配置方式，逐步改变资本粗放驱动的增长模式从而注重研发投入，是值得研究的问题。第二，技术市场。反垄断的基本政策目标是预防和制止垄断行为、保护市场公平竞争、提高经济运行效率、增加社会福利，反垄断通过削弱市场进入壁垒、限制竞争损害行为从而产生竞争引致作用，那么反垄断政策实施后，竞争引致作用是否在企业技术市场之间产生作用？企业之间的竞争是否从产品市场的直接竞争逐步向技术市场竞争渗透？技术市场的无序竞争状态或厌恶竞争状态是否向着研发溢出的竞争状态改进？研发溢出的空间效应是值得研究的有趣话题。第三，中间品市场。反垄断行政执法在相当长的一段时间内无法触及因行政垄断权力延伸的经济垄断地位给市场带来的资源错配问题，导致反垄断执法存在严重的行业倾向性，即倾向于具备竞争条件的下游行业，而难以改变上游行业强大的行政垄断势力。虽然反垄断旨在促进与保护竞争，但这种执法倾向性在中间品的纵向市场中却可能产生负面影响。纵向的垄断价格传递与横向的竞争激烈化是否会导致下游行业企业为缓解生存困境而相应地削弱长期的研发投入，这一问题的回答将为反垄断执法以及未来的执法重点指明前进的道路。

上述三个市场的视角既有联系又有区别。要素市场表征企业对投入生产要素的组织和配置方式，是企业内部投入资源结构性变化带来的研发投入策略改变；技术市场表征外部企业与企业之间技术竞争的溢出效应，是外部企业技术竞争引致的内部研发投入策略的改变；中间品市场表征企业同处于更接近现实的横向与纵向竞争关系，是反垄断行政执法的现实缺陷所导致的企业内部研发投入策略的改变。因此，要素市场、技术市场、中间品市场既代表了要素、技术、中间品对企业研发的反垄断效应，又表征了内源性、外源性、现实性对企业研发的反垄断效应，既体现了反垄断的竞争引致效应，又探究了反垄断执法存在的现实问题，从理论和实践双重维度探究了反垄断对企业研发投入策略的影响机制与渠道。

本书通过要素市场、技术市场、中间品市场三个不同的场景分别研究了反垄断对企业研发投入策略产生的影响，验证了反垄断政策的竞争引致效应与可能的负面经济后果。（1）基于要素市场发现，《反垄断法》实施会降低上市公司的要素价格扭曲程度，并且对市场弱势企业的整体要素价格扭曲程度的矫正作用更大。将要素拆分为资本要素和劳动力要素后，发现《反垄断法》对两个要素价格扭曲的影响存在非对称性，整体要素价格扭曲的降低主要来自于资本要素价格扭曲程度的下降。（2）基于技术市场发现，竞争对手之间的研发投入竞争自《反垄断法》实施后产生，且存在显著的空间相关性；横向的竞争对手研发竞争效应与纵向的行业领导者引领效应同时存在，同样具有正的空间相关性。（3）基于中间品市场发现。反垄断执法倾向性存在于上下游行业之间，处于下游的企业受到纵向势力与横向竞争的双重压力，面临产品成本上升而无法向消费终端转嫁传递且同时面临更为严峻的营业收入不确定性，进而导致企业利润被压缩，经营风险上升，研发投入失去资金支持而被相应地抑制了。

综合而言，以《反垄断法》为核心的反垄断政策，在 2008 年之后对微观企业行为产生了重要影响。反垄断政策旨在预防和制止垄断行为、保护市场公平竞争，逐步优化的市场环境、竞争环境、营商环境促进了市场向充分竞争、完全竞争发展，使得市场弱势企业通过研发活动获取市场优势地位与超额利润成为可能，但也面临着更多的潜在进入威胁。竞争激烈化使得资本要素的边际产出效率下降，企业试图以研发谋求产出增长，从而转变企业增长模式。同时，反垄断政策也改变了企业间的竞争方式，从单纯的产品市场竞争向技术市场竞争转变，空间自相关显示，《反垄断法》实施之后企业会受到行业内其他企业研发投入的影响而改变自身的研发投入策略，产生了研发投入的正外部性，这就说明企业的竞争战场也发生了转移。最后，反垄断政策因为在相当长一段时间内无法触及行政垄断的根本，导致了执法倾向性，使得下游行业企业面临更为严峻的生存环境，导致下游行业缺乏研发资金支持的利润基础，影响了研发投入的提升。可见，反垄断政策既有"竞争引致效应"，但若使用不当又有严重的负面经济后果，因此未来的重心仍应当是放在破除行政垄断这一"硬骨头"。

最后，在付梓出版之际，由衷地感谢我的博士后导师王俊豪教授、博士生导师谢志华教授和王彦超教授在本书的撰写与修改过程中给予的指点；感谢中南财经政法大学章琳博士、中央财经大学张宇博士为提升本书质量给予的帮助；感谢中央财经大学张永珅、段

前　言

文謖、黄健峤在漫长的撰文过程中给予的鼓励；感谢中国人民大学博士生毛聚、郑子豪、王雨卿、杨京雨、鲁重恋、孙光凡的大力支持；感谢经济科学出版社同仁为出版付出的努力。

许　诺

2022 年 2 月 1 日于浙江杭州

目录

第1章 引言 1
  1.1 选题背景、研究目的与意义 1
  1.2 研究内容、研究框架与研究方法 5
  1.3 本书的主要创新点与可能的贡献 10

第2章 理论基础与文献综述 12
  2.1 理论基础 12
  2.2 文献综述 22
  2.3 研究述评及研究启示 36

第3章 我国反垄断政策的制度背景分析 38
  3.1 反垄断的西方实践与经验 38
  3.2 我国反垄断政策的历史演进 43
  3.3 以《反垄断法》为核心的反垄断政策：内容与功能 46
  3.4 我国现存垄断形式分类及其反垄断 48
  3.5 我国反垄断实践的成效与现存的问题 50
  3.6 反垄断法的竞争法系地位及其经济意义 61

3.7　本章小结 …………………………………………………… 64

第4章　要素市场：反垄断、要素价格扭曲与企业增长模式转变 …………………………………………………… 65
　　4.1　引言 ………………………………………………………… 65
　　4.2　制度背景和理论假设 ……………………………………… 66
　　4.3　研究设计 …………………………………………………… 70
　　4.4　实证结果 …………………………………………………… 76
　　4.5　本章小结 …………………………………………………… 100

第5章　技术市场：反垄断、技术竞争与研发投入策略 ………… 102
　　5.1　引言 ………………………………………………………… 102
　　5.2　理论基础与研究假设 ……………………………………… 103
　　5.3　研究设计 …………………………………………………… 111
　　5.4　实证结果 …………………………………………………… 119
　　5.5　本章小结 …………………………………………………… 144

第6章　中间品市场：反垄断、纵向竞争与研发投入策略 …… 146
　　6.1　引言 ………………………………………………………… 146
　　6.2　理论基础与研究假设 ……………………………………… 147
　　6.3　研究设计 …………………………………………………… 153
　　6.4　实证结果 …………………………………………………… 160
　　6.5　本章小结 …………………………………………………… 184

第7章　研究结论与政策建议 ………………………………………… 186
　　7.1　本书的主要结论 …………………………………………… 186

7.2 相关政策建议 ………………………………………………… 189
7.3 研究局限与展望 ………………………………………………… 192

参考文献 …………………………………………………………… 193

第 1 章
引 言

1.1 选题背景、研究目的与意义

1.1.1 选题背景

反垄断是市场经济发展的客观要求,《中华人民共和国反垄断法》(以下简称《反垄断法》)更是成为各国维护市场经济秩序的利器。垄断是市场经济发展到一定阶段的必然产物,而通过法律制度来纠正市场恶意竞争是国际惯例。自 2008 年 8 月 1 日以来,《反垄断法》实施已经 10 多年,中国的反垄断法治化水平不断提高并持续进行了多次重大的变革。2018 年底,国家市场监管总局时任局长张茅称,中国已经与美国、欧盟并列为全球三大反垄断司法辖区。作为竞争政策的重要工具,《反垄断法》通过遏制垄断行为、维护公平的市场环境、提高企业与经济效率,促进社会主义市场经济健康发展。中国《反垄断法》实施 10 多年以来,是否达到了预期效果?微观上,《反垄断法》又会对企业带来怎样的经济后果?尽管大量理论研究表明,反垄断对于促进市场竞争,提高经济效率至关重要,然而,反垄断的微观实施效果还有待进一步研究。

研发是企业在市场竞争中获取优胜的决定性力量。正是由于研发创新,一个弱势的市场主体甚至可以挑战和赶超占领市场主导地位的庞然大物,实现"创造性毁灭"。创新之义之于国家发展同样具有战略意义,党的十九大报告指出,创新是我国现代化建设的战略支撑,是发展的第一动力,建设创新型国家已是我国国家战略关键图景之一。鼓励企业创新的根本支撑力量是企业既有能力又有意愿进行研发投入,一个良好有序的竞争环境既能降低潜在竞争者的市场进入成本从而威胁在位者地位,又能激励在位企业为获取竞争优势而加大研发,以技术更迭换取市场优势地位,从而保障动态下的帕累托最优。然而,由于损害竞争的垄断行为的存在,尤其是存在大量行政垄断的我国,行政垄断在经济领域中的不断延伸,或设置市场准入壁垒、或增加制度性交易成本,直接导致了关系禀赋企业的研发动机异化为寻租动机,研发资金转为寻租资金,市场弱势企业则以支付更高的准入成本、更微薄的利润为代价谋求生存,研发投入也失去了资金支持的土壤。因此,《反垄断法》以及系列反垄断政策,通过遏制垄断行为、维护公平的市场环境、提高企业与经济效率,提升社会福祉与促进技术发展,在运行10余年间,是否真正发挥了抑制经济垄断和行政垄断行为的作用,在微观上改善了企业所面临竞争环境、营商环境?是否促进或提高了企业的研发水平?反垄断通过哪些机制或渠道影响了企业的研发投入水平?对于这些问题的明晰与回答都将为进一步制定与修订竞争政策提供理论与经验支持。

1.1.2 研究的目的与意义

1. 现实目的与意义

第一,评估《反垄断法》的实施效果具有重要的现实意义及政策价值。

宏观层面，我国《反垄断法》实施10余年取得了显著的成效，为促进市场公平竞争、提升企业生产效率、改善经济运行效率、促进公共利益与福祉提升等发挥了重要的作用。10年来，随着我国市场经济的逐步完善，市场环境的持续优化，中国竞争政策的地位也随之加强，反垄断法治水平也随之不断提高。然而，微观层面，《反垄断法》的实施效果如何？是否抑制了垄断企业的行为？是否抑制了地方保护对企业公平竞争环境的破坏行为？是否促进了更大范围的公平竞争？诸如此类问题都有待进一步结合微观企业的行为变化进行实证检验。

第二，为《反垄断法》修订提供重要参考信息。随着中国经济转型，新时代对《反垄断法》提出了新的需求。当前的经济结构发生了很大的变化，民营经济发展遇到曲折，国有企业优势进一步凸显。如何优化经济结构，创造公平竞争的市场秩序已经得到中央高层乃至全社会的广泛关注。竞争政策与《反垄断法》是维护市场竞争公平有序的良法。10年前的《反垄断法》也需要进一步适应新时代与新经济发展需要，需要不断得到修订与完善。《反垄断法》在实施过程中存在哪些不足，在哪些方面取得了很好的效果？本书将从微观企业层面，为《反垄断法》修订提供更加丰富的量化评估资料，进一步为完善法律提供建议。

第三，进一步明晰政府、国企与市场的关系。正确处理政府与市场关系是我国市场经济发展所必须面临的问题，我国政府诸多现有体制与现存结构均脱胎自计划经济时代，国有企业的市场领导地位也是行政权力的经济化延伸。不恰当的政府干预将损害市场竞争、改变研发动机，甚至引发社会转型过程中的寻租问题。反垄断政策应当如何实施、如何执行来减轻"国进民退"的担忧，如何正确处理国有企业的行政权力来源释放竞争资源，如何以公平的竞争环境促进竞争、改善资源配置效率、提高企业的研发水平，均是本书所回答的关键议题，进一步明晰反垄断在处理政府、国企与市场之间的关系，将极大地促进企业研发的增长。

2. 理论目的与意义

第一，拓展研究视角与完善研究方法。《反垄断法》的颁布与实施为我们提供了一个典型的外部冲击自然实验场景。作为竞争政策的一部分，《反垄断法》的颁布与后续执法改革，构成了一系列重要的政策冲击点。而以往有关竞争的研究主要关注了竞争与公司行为等，大部分研究基本上以市场集中度衡量竞争程度，这存在很大的内生性问题。作为竞争程度的替代指标，市场结构（市场集中度）会受到竞争政策的直接影响，也就是说，随着《反垄断法》的实施，市场监管及相关审查不断加强，部分行业受到规制，市场壁垒的削弱导致潜在竞争者进入，市场结构将会发生变化，这将会直接影响市场集中度。同时，《反垄断法》也将会直接影响企业行为。这不可避免的会导致遗漏重要变量问题，导致内生问题。与此同时，竞争与研发行为被认为是互为因果的两个要素，企业的研发目的是获取垄断利润，而拥有垄断地位以后又缺乏研发动力而损害研发，《反垄断法》的实施为回答这一内生性问题提供了良好的自然实验场景。

第二，填补中国竞争政策与反垄断理论量化研究的部分空缺，将为中国社会主义市场经济理论体系建设提供重要文献资料。随着改革开放的不断推进，中国逐步从计划经济转向市场经济。竞争是市场经济的基础。然而，依然有很多破坏自由竞争的因素。产业政策、货币政策、财政政策等很多政策，在促进经济增长的同时，也不同程度地破坏了竞争环境。同时，带有地方保护特色的行政垄断也会影响公平竞争秩序，部分企业依靠政策获取了某种竞争优势，从而攫取垄断利润，不利于社会福利提高。从理论上看，反垄断是必要也是非常有战略意义的竞争政策之一。在中国，《反垄断法》的颁布是否对转型经济的企业研发行为产生影响？在实施过程中，还存在哪些有待完善的问题？之所以出现实施负面效应的根源在哪儿？本书的研究成果将会为我国进一步的市场经济体制改革与经济结构转型提供重要的文献资料，为建设创新强国指明方向并提供证据支撑。

第三，丰富司法改革与微观企业行为之间的研究。从拉·波特等（La Porta et al.，1998）等开始的一系列研究表明，法律对金融乃至经济增长具有重要影响，且与公司财务行为存在密切关系。以往研究表明，法律与资本结构调整速度显著正相关，法律环境将显著影响企业通过债务方式来调整资本结构（黄继承等，2014）。而企业研发依赖的正是充足稳定的风险资金，司法改革、法律环境将进一步影响研发资源、研发意愿，因此，本书研究将丰富法与金融领域的文献。

1.2 研究内容、研究框架与研究方法

1.2.1 研究内容

第1章引言。主要介绍了本书的选题背景和研究目的与意义；阐述了本书的研究方法、研究思路，勾勒出本书研究的总体框架与内容。

第2章理论基础与文献综述。对市场结构理论、规制经济理论、市场失灵理论、社会转型理论进行了梳理，明确了影响企业研发的因素包含研发能力与研发动机两个方面，进一步探索了市场竞争对研发投入的影响以及反垄断带来的经济后果。

第3章制度背景分析。本章对中国的反垄断政策演进历史进行了系统性的梳理与总结，考察了我国反垄断所面临的形式，总结了当前反垄断所面临的经济垄断、行政垄断、行政性企业垄断三种重要的形式，并总结与指出了反垄断法的实施成效与执法问题。

第4章反垄断、要素价格扭曲与企业增长模式转变。本章通过《反垄断法》的外生政策冲击，研究了《反垄断法》实施对企业层面要素价格扭曲的影响，本章将受惠于反垄断政策的弱势企业作为实验组，考察了反垄断对总体要素价格扭曲、劳动要素价格扭曲、资本要素价格扭曲的影响。在摒弃劳动要素的基础上，进一步截面考察了行业特性、政企环境、银企环境带来的异质性影响。最后在分解要素价格扭曲的基础上探究了资本要素边际产出下降带来的资本投资模式的转变。

第5章反垄断、技术竞争与研发投入策略。本章研究了企业间技术成果的外部性，考察了企业间研发的竞争行为，考察企业间相互模仿与竞争是否存在空间溢出效应，而在反垄断实施前后这种空间自相关性是否存在变化，终而考察反垄断带来的外部技术竞争效应。

第6章反垄断、纵向竞争与研发投入策略。本章研究了在存在反垄断执法行业倾向性的基础上，下游行业企业面对上游垄断加价、下游竞争激化的环境中，如何进行研发决策的问题。在进一步考察上游垄断势力、产品成本结构、外部资金支持的截面异质性影响的基础上，以经营风险作为中介变量考察了企业在上述环境中所真正面临的约束是资源约束而非动机约束。本章考察了反垄断因执法问题所带来的负面的经济后果。

第7章研究结论与政策建议。在上述各章的理论分析和实证检验的基础上得出了本书的主要结论；提出了抑制行政性企业垄断的相关政策建议；归纳本书的主要贡献与创新之处；总结本书的研究局限并指明未来可以继续研究或应用的方向。

全书结构如图1.1所示：

第1章 引 言

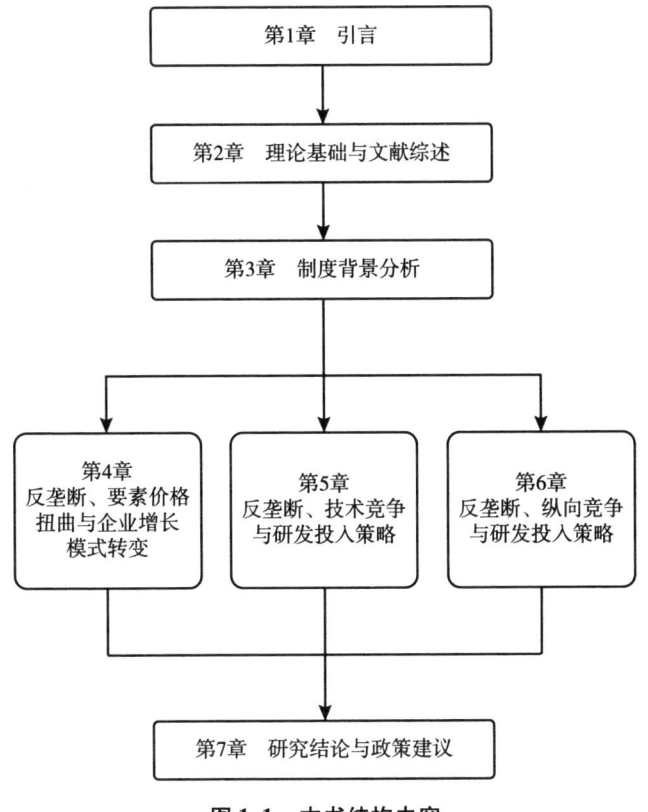

图 1.1 本书结构内容

1.2.2 实证三章的内在联系

为了研究反垄断政策与企业研发投入策略的关系，本书拟从三个不同的渠道进行研究：要素市场、技术市场、中间品市场。投入产出理论认为，企业总产出由中间品投入和增加值组成，而增加值又由劳动者报酬、生产税净额、固定资产折旧、营业盈余组成（这一数量关系由中国投入产出表给定），剥离利税后企业总产出应当由中间品、劳动、资本（对应固定资产）组成。这一产出结构与莱文松和佩特林（Levinsohn and Petrin，2003）基于传统 C－D 函数（柯布道格拉斯函数）所延展出的模型一致，即 $\ln Y = \ln A +$

$\alpha \ln L + \beta \ln K + \gamma \ln M$，其中 L 和 K 表征传统意义上的投入要素——劳动与资本，M 表征中间品投入，A 表征以技术为代表的其他所有生产要素。基于此，根据对应关系本书将传统 C-D 函数对应的劳动与资本要素、中间品、技术进步分别以要素市场、中间品市场、技术市场的三个视角进行研究，考察反垄断政策在三个不同的市场与情景中对企业研发投入产生的不同影响。

具体而言，第一，要素市场。要素市场所研究的是反垄断政策对企业要素配置效率带来的改变，其影响企业对投入生产要素的组织和配置方式，是企业内部投入资源结构性变化带来的研发投入策略改变，因此，本书从要素配置效率视角以要素价格扭曲考察反垄断政策为企业带来的研发投入动机的改变。第二，技术市场。技术市场所研究的是外部企业与企业之间技术竞争的溢出效应，是外部企业技术竞争引致的内部研发投入策略的改变。第三，中间品市场。中间品市场所研究的情境是，企业同处于更接近现实的横向与纵向竞争关系之中，是反垄断行政执法的现实缺陷所导致的企业内部研发投入策略的改变。因此，要素市场、技术市场、中间品市场既代表了要素、技术、中间品对企业研发的反垄断效应，又表征了内源性、外源性、现实性对企业研发的反垄断效应，既体现了反垄断的竞争引致效应，又探究了反垄断执法存在的现实问题，从理论和实践双重维度探究了反垄断对企业研发投入策略的影响机制与渠道。

1.2.3 研究框架

为了系统地研究反垄断政策对企业研发投入策略的微观影响，本书构建了系统的研究框架，具体如图 1.2 所示：

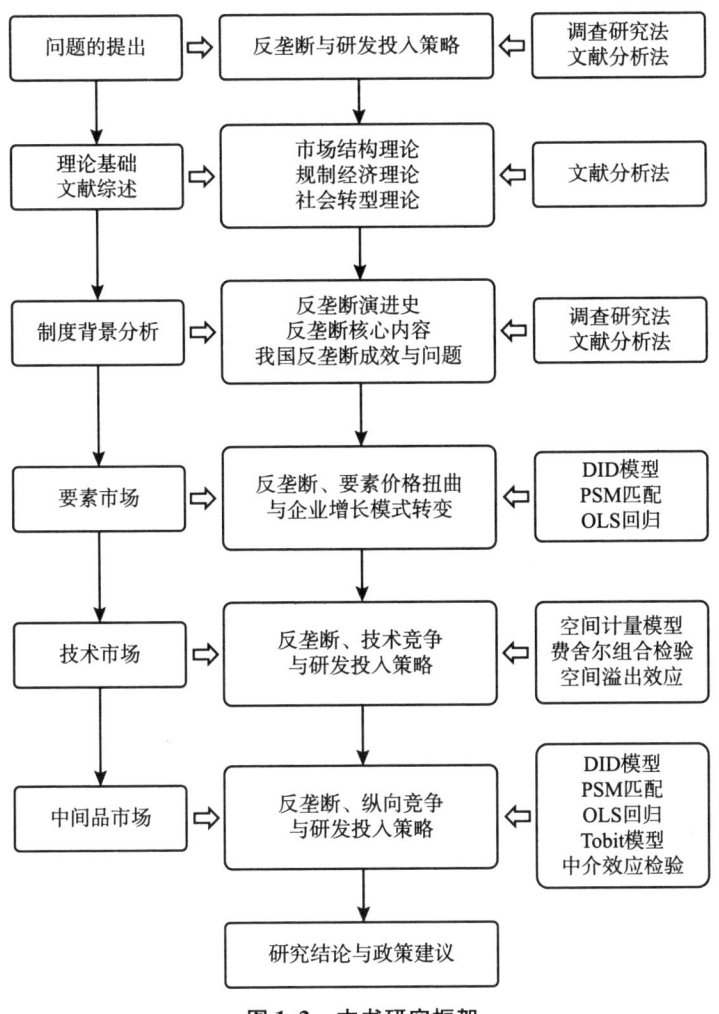

图 1.2 本书研究框架

1.2.4 研究方法

本书在进行相关文献的回顾后,采用了描述性统计、单变量分析、多元线性回归、Tobit 模型回归、空间计量模型、费舍尔组合检验模型、多重差分模型、倾向匹配得分法等方法对选取的数据进行了实证检验,在合理选用回归模型的基础上，针对内生性问题、指标稳健性等问题进行了适当解决，保证了本书结论的合理性与稳健性。

1.3 本书的主要创新点与可能的贡献

1.3.1 研究内容的创新

现有研究多数局限在法学领域的探讨，将这一法学话题与微观经济效果结合的文献较少，从《反垄断法》出发检验反垄断实施效果的实证文献更是凤毛麟角。本书创新性地将《反垄断法》的实施效果作为研究对象，以实证方法检验了反垄断政策实施的微观经济后果，不仅明确了反垄断政策对中观市场的影响机制，更是为反垄断政策对微观企业研发投入决策探明了影响路径，既评估了反垄断政策的正向经济效应，又将反垄断政策纳入渐进式改革进程中展示了当前的执法不足。这些研究均会为反垄断政策的修订与后续实施提供充分的经验支撑。

1.3.2 研究视角的创新

本书以市场资源流向的视角剖析了垄断行为与反垄断政策的本质，认为垄断行为是通过定价权将市场资源向权力主体集中的过程，而反垄断则是将市场资源重新均等化向市场释放的过程，是"效率导向"的资源流动过程。在既有研究中，由于古典经济学对垄断的研究已然十分丰富，而反垄断研究又往往局限在法学领域或实务实践过程中，导致少有研究能够将垄断行为与反垄断作为完整、对应的过程进行研究与讨论。本书以此创新的理论视角并结合《反垄断法》的外生冲击，系统性地展示了市场主体是如何在反垄断的作用下改变自身的行为模式并逐渐向"效率导向"改进的，这是既有研究所未触及的。

1.3.3 研究方法的创新

产业经济学、规制经济学领域关于空间计量方法的应用涉及较少，多数集中于地理空间计量，本书创新性地构建经济权重距离，以经济空间计量的方式研究研发溢出，且在空间计量的基础上开发了以 Fisher 组合检验（Fisher's Permutation Test）为基础的空间相关性组间差异检验自抽法，为计量经济学领域的方法应用提供了新的思路。

1.3.4 交叉学科的贡献

本书是法学与经济学的交叉领域研究。历史上反垄断的作用往往被经济学家所忽视，但在市场经济逐步发展与完善的当下，法的作用显得尤为不可或缺，也是国家治理必不可少的一环。本书通过法学与经济学的交叉学科研究，弥补了法学领域缺乏对《反垄断法》等经济规制法律的量化研究缺憾，加深了经济学领域对反垄断规制机制的理解，将法的问题深化为市场治理乃至国家治理的层面。扩展这一学科交叉研究，将对立法质量和司法效率产生重要的促进作用，将在更广阔的空间中凸显法学的理论与现实指导意义。

第 2 章
理论基础与文献综述

Monopoly（垄断）一词来源于拉丁文 monopolicem，其原意为"独占"，根据 1601 年英国下议院首次对"垄断"的定义，"垄断"意为"对某公共品限于某一私人使用"，虽然其并不具有经济含义上的"市场垄断"概念，但它却表达了对资源的"排他性独占"意味。随着库尔诺（Cournot, 1838）与贝恩（Bain, 1959）对市场垄断的研究以及美国 1890 年《谢尔曼法》的司法实践，他们不约而同地均认定"垄断"是有害于市场均衡的事物，而垄断行为则是造成福利损失的根源。因此，反垄断具备了其深刻的价值基础。

2.1 理论基础

谢志华（2016）指出，经济社会发展的基本格局是把社会所拥有的资源交给专业的人才经营，社会生产效率才会大大地提高，公司制企业解决了生产资料拥有者与专业才能拥有者的结合问题。这一论断背后所隐含的观点是，社会生产力与生产资料的最优结合、将市场资源配置给最优的主体，才能最大化实现社会福祉。而垄断行为阻碍了这一资源配置过程，因此从这一角度而言，垄断与反垄断的本质均是资源配置问题。

2.1.1 市场结构理论下的垄断行为界定

市场结构理论来自于贝恩（Bain，1959）所著的《产业组织（Industrial Organization）》一书，属于产业组织理论的分支之一。产业组织理论认为，市场是由卖方与买方、卖方与卖方、买方与卖方、在位方与潜在进入方等各种关系组成的结果，市场结构则是各种市场关系的体现。钱伯林（Chamberlin，1951）在垄断竞争理论中将市场按竞争和垄断的程度，如买卖方数量、产品差别、进入障碍等特点将市场结构划分为完全竞争、完全垄断、垄断竞争、寡头垄断四种类型。贝恩（Bain，1959）通过考察同一市场中不同企业之间的关系，将市场结构最突出特征归纳为集中程度、产品差异程度和进入壁垒的状况。

传统的市场结构理论从市场的静态结构、企业的垄断地位与市场中各方关系为对象进行考察。静态的结构研究虽然能够厘清不同竞争格局下的企业动机与行为，形成并寻找到"完全竞争"假设下的比较基准，但其难以展现宏观层面垄断深层次的形成机制与作用方式。由于本书研究的核心对象是《反垄断法》及其政策，必须对垄断行为进行深层次的界定与剖析。因此，本书以资源流动配置的动态视角①，重新界定动态市场结构下的垄断行为及其本质。

1. 垄断行为将改变资源配置方式，"效率导向"向"权力导向"转变

党的十八届三中全会指出"要紧紧围绕使市场在资源配置中起决定性作

---

① 以此视角切入的原因在于静态并集中的市场结构并不必然导致垄断行为干预市场，而资源流向的改变决定了市场主体间的格局，从根本上展示了垄断行为对市场的干预。

用深化经济体制改革",市场经济的本质要求是让市场在所有社会生产领域中对资源配置起到基础性、决定性的作用,能够对供产销各个环节的价格具有直接决定权。这一市场机制通过市场定价功能、市场供求关系、竞争机制、激励约束机制等共同形成,其基本作用路径为,以利润为导向引导生产要素流向,以竞争协调形成商品价格,以价格为杠杆调节供求关系,使社会总供给与社会总需求维持总体平衡关系,生产要素价格、生产要素投向、产品利润实现与分配均依赖市场交换来形成。"优胜劣汰"的生存威胁迫使每一个企业内部提升管理效率、提高产品品质、满足顾客需求,迫使整个市场提高市场效率,最终提升消费者的社会福利。因此,市场自主资源配置机制相比其他任何资源配置手段更广泛、更有效、更持续。这一资源自主流动方式是社会生产力与生产资料的最优结合的过程,是资源向"效率主体"流动的动态调节机制。

垄断地位并不必然导致垄断行为,而垄断行为则必将带来市场资源流向的改变。从整体来看,垄断行为对市场经济干预的直接表现是市场资源向定价权力主体集中。具体表现为:(1)价高量低,要素市场与产品市场价格机制扭曲。古典经济学理论指出垄断厂商为了获取最大利润,必然尽可能地控制产量与价格,压低产量抬高单价,限制市场竞争机制发挥作用并尽可能地规避竞争与风险。这一过程不仅是造成消费者福利损失的过程,更是利用定价权造成要素市场与产品市场价格机制扭曲的过程,生产要素向垄断的定价主体集中,逐步脱离市场对定价权的掌控,最终结果必然是扭曲的供求关系、低下的要素利用效率。(2)分配的低效率性。垄断行为必是对消费者福利、对竞争对手平等竞争权利的盘剥,其利用定价权将市场资源集中的目的在于实现垄断利润。这一垄断利润的实现带来两方面的市场影响,一是造成了社会福利的净损失,是市场资源未最优配给所带来的社会生产效率的损失,二是剥夺竞争对手正常利润带来的社会性利润分配不公或低效率的结构性问题。(3)技术更新低效性。垄断前提下的利润是通过定价权来实现,而并非通过市场竞争来获得，缺乏外部竞争压力使得垄断厂商没有动力进行技术更新，技术更新呈现低效化状态。（4）导致寻租产生。垄断厂商为了获取持续、稳定的市场垄断地位以方便实施垄断行为时，会在竞争成本和寻租成本之间作出抉择，当寻租成本远低于竞争带来的垄断地位维持成本时，寻租这一非生产性寻利活动便有了生长的土壤。租金意味着部分利润的丧失，成为社会的净损失。

因此，从资源配置理论视角出发，垄断行为改变了市场对资源的配置方式，垄断主体通过定价权力引导市场资源向权力主体流动，干预市场进程的直接结果是社会福利净损失与资源配置的低效率化，这是生产资料与社会利润向定价权主体不断积聚的过程，导致了市场"效率导向"向"权力导向"配置方式的转变。

2. 垄断行为产生作用的根本机制是运用定价权干预市场进程

垄断行为产生作用的根本机制是垄断主体通过定价权干预市场进程，影响市场对资源的配置方式，汲取市场资源并获取垄断利润。无论是从我国《反垄断法》对垄断类型界定为经济垄断和行政垄断的分类，还是从著名经济学家阿罗（Arrow）"非经济来源的垄断地位将损害创新"的论断来看，垄断的定价权可以被清晰地分为经济定价权和行政定价权。垄断主体只有满足掌控定价权且实施干预行为才能够影响市场资源流向，最终获取垄断利润。

经济定价权形成自经济垄断地位，按定价权使用动机不同可以分为市场促进型和市场干预型，其核心差异在于是否由市场主导资源配置方式。奥地利经济学派认为，真正的市场竞争必然有超额利润的存在，超额利润是企业家创新、冒险的原动力，同时，超额利润的存在也必然意味着一定程度的垄断，而超额利润从一个产品或产业向另一个产品或产业的转变也意味着技术革新导致的垄断地位的更替，是市场机制的动态演化。越是拥有完善市场机制的经济体，技术更迭与企业兴衰更替越是频繁，一段时间的垄断迫使企业进一步更新技术以期获取长期的经济垄断地位，实现良性循环。按资源配置观点，这一循环过程正是市场将资源不断地对最优企业效率主体的配给过程，是市场运行最为理想化的状态。然而，当企业之间以"托拉斯""辛迪加"等垄断组织形式出现或者直接根据垄断地位实施干预市场进程的垄断行为时，市场资源配置方式便被改变了，这也是为什么各国《反垄断法》反经济垄断行为而不反经济垄断地位的原因，同样也是为什么《经营者集中审查制度》必须要合理评估经营者集中获取垄断地位后是否有实施垄断行为可能的原因。

行政定价权源于行政垄断与特许经营，本质上是政府对市场的过度干预。行政定价权是对市场机制的一种扭曲，它既可以表现为特定行业内的政府特许经营、某些特定领域的政府补贴、政府直接以行政规章制度的方式构建辖区内市场的高准入壁垒等，这些行政干预市场资源配置方式，深刻改变着中国市场的竞争格局，也使得市场资源被行政定价权引导向权力主体集聚，不仅造成了资源配置的低效率化，也为寻租提供了巨大的操作空间。与经济定价权所不同的是，行政定价权客观上必然干预市场进程，这与转型经济体计划经济时代的资源全部集中于政府手中有关，转型经济体为发挥市场对资源配置的基础性、决定性作用，必然要经历逐步向市场释放资源的过程，而《反垄断法》反行政垄断也正是对行政定价权干预市场的一种削弱机制。

综上所述，垄断地位并不必然导致垄断行为，垄断行为必然改变市场对资源的配置方式，资源流动配置视角下，垄断行为通过垄断主体定价权将原本"效率导向"的市场资源配置过程，转变为"权力导向"，使得市场资源向定价权主体集聚。无论是经济定价权还是行政定价权，均是垄断行为实施的抓手与工具，干预市场资源流向与资源分配结构才是垄断行为的本质。

2.1.2 规制经济理论下的反垄断政策本质

规制经济理论也称管制经济理论,同样是产业组织经济学的一个重要分支。规制经济是相对于市场经济而存在的,它来源于市场失灵,政府代表公共利益对市场失灵进行管制,可以提高资源配置的效率。

1. 规制经济理论下的经济规制手段

经济规制主要应用于市场失灵的领域,如存在垄断、信息不对称、外部性时,就需要政府对此进行规制纠偏,以实现资源有效配置,维护企业以及消费者的利益。经济规制的手段主要分为:(1)进入规制,在自然垄断的行业中,进入退出规制能够保护规模经济产生的效益,防止过度竞争所带来的资源浪费。进入规制的方法主要包括许可证、注册制、申请制、制定较高的准入标准等。(2)投资规制,主要是指规制外资及民营资本对该行业的投资。广义而言,投资规制包括了对实业投资以及对金融投资的规制,如资金募集、证券发行交易、企业信息披露等行为,而狭义上投资规制仅指对实业的投资规制,即对被规制企业的投资项目的审核和批准。(3)价格规制及产量管制,其中价格管制也称为费率规制,主要包括费率水平规制以及费率结构规制,产量规制下产量水平会直接影响着产品价格,通过对价格和产量的管制可限制或鼓励企业生产以及消费者的购买。(4)质量规制,主要来源于外部性以及信息不对称的存在。外部性包括负外部性行为和正外部性行为,负外部性行为包括公共环境污染、公共资源滥用等,经济规制可以将社会成本转换为企业自身的私人成本,如征收排污费等。正外部性行为则主要包括基础教育、科技发明、基本社会保障等,规制则需要对这些活动进行补偿和奖励,以激励企业或个人其提供这些产品或服务。对信息不对称的规制则是为了保障信息劣势方不受信息优势方欺诈等行为的侵害,特别是食品药品行业必须通过国家质检标准的规制。相对价格数量规制，质量规制的成本较高，因此现实中的使用并不如价格数量规制频繁。

2. 规制经济理论下反垄断政策的本质

《反垄断法》属于核心的经济规制手段，当市场出现垄断行为，反垄断政策将发挥规制功能影响垄断行为的实施。目前反垄断政策对垄断行为的规制方式主要包括行政处罚、停业调查、司法诉讼、集中审查等，这些规制方式均在不同程度上提高了垄断行为的实施成本与违规成本。而从规制的目的角度出发，所有的规制手段均是在市场出现失灵现象时提供效率弥补方式，反垄断政策也不例外。

正如上文对垄断行为的界定，垄断行为的本质是利用定价权改变市场资源配置方式，而反垄断政策正是这一方式的逆化。反垄断是通过对公平竞争权利的维护，将获取市场资源的机会向每一个市场主体均等化释放的过程。反垄断的资源释放过程并不是资源分配过程，而是将定价权主体实施垄断行为获取的市场资源向整个市场释放，均等地由每一个市场主体通过竞争获取资源的过程，因此，它是一个"权力导向"向"效率导向"归位的过程。事实上，《反垄断法》对四种垄断行为的界定直接影响了既有垄断行为主体继续实施垄断行为的成本，又遏制了潜在垄断行为实施的可能，经济规制所带来的制度成本提高的部分，正是向市场重新释放的资源的部分。由于资源释放过程不可观测，非垄断企业在市场中的直接获益形式是竞争环境与营商环境的改善，以及市场对公平竞争权利的维护与尊重。

2.1.3 社会转型理论下的反垄断制度推进

我国反垄断对市场资源向效率主体释放过程影响的广度与深度，在很大程度上取决于对"租"的破除。《反垄断法》建立了反行政垄断机制，在市场规制领域为破除"租金机制"的非正式制度实现了由零到一的跨越。

1. 社会转型理论下依赖租金机制释放市场资源

社会转型理论认为,在早期转型的中国,租金机制和市场机制的关系并非总是冲突的。根据制度经济学的观点,市场主体对租金机制和市场机制的选择往往取决于两者调配资源成本的高低。由于中国的市场经济是脱胎于计划经济体制的,计划经济时代行政命令调配资源的方式很难也绝无可能在施行了市场经济之后就能立刻转变。将行政调配转变为市场调配资源面临的首要问题就是市场无资源,即如何将牢牢掌控在地方政府的资源向市场释放并逐步培育市场的问题。由于地方官员并没有动力直接向市场释放资源,大量的资源将会被排除在市场之外,成为市场主体所不能经营或涉足的领域。租金机制则为官员提供了现实的动力,租金机制的存在使得"市场准入权"得以向公众开放,即便其开放的对象、方式是不公平的。

当市场逐渐建立起来以后,企业通过持续寻租获取扩大再生产的关键资源,政治官员利用行政权力持续扩大自身的租金市场。市场准入许可、政府扶持政策等向寻租企业或政治裙带方倾斜,他们通过支付租金以获取长期的政治资源倾斜或获取行政庇护,无政企关联的企业便会面临更高的经营风险,往往这类企业确是市场效率的代表或是技术革新的中坚力量。此时,政府计划性资源向市场基本完成转移后,竞争性行业与民营企业的大量出现预示着中国出现新的市场结构特征,租金机制运行成本已然远超市场机制成本,已经成为市场进一步发挥"效率导向"提高市场运行效率的重大障碍。

2. 反垄断对租金机制的破除

转型经济体的改革均是渐进式改革,《反垄断法》对租金机制的破除是重新调整政府与市场关系的起点。地方政府通过行政审批权,牢牢把控市场准入许可、关键生产要素分配等,租金机制的存在实质上影响了不同企业之间的成本结构，也同样改变了企业获取利润的方式，租金机制很大程度上决定了企业行政定价权的形成，又进一步影响了市场对资源的配置方式。《反垄断法》明确划定了利用行政权力授予的特殊行政许可、歧视性行政收费价格、妨碍商品的地区间流动等阻碍商品和要素流动、设置进入门槛的政府行为或企业行为，切断了直接来源于行政权力的市场租金运行机制，在具体实施上虽然还需要其他政策的配合推进，但抑制行政垄断租金被上升至法律层面，成为破除租金机制的重要一步。

2.1.4 理论框架与逻辑架构

本书的研究内容是在垄断扭曲市场机制的背景下，反垄断是否能够起到改善竞争环境、保护竞争机制作用，将资源调配权力回归到市场，是根植于转型经济体背景下的市场治理问题的研究。

为研究这一问题，本书形成了理论框架对该问题进行剖析（见图2.1）。

市场对资源配置起着决定性的作用，市场机制是将资源配置给最有效率的主体达成生产资料与生产力的最优结合实现社会福祉的不断扩大。然而，垄断行为却改变了这一市场进程，垄断主体通过定价权将市场资源向权力主体集中，使得原有的市场配置下的"效率导向"转变为垄断主体配置的"权力导向"。根据古典经济学理论和市场结构理论，垄断行为的实施必将带来生产效率的损失、更高的行业准入门槛、社会福利损失、企业研发动机的缺失。

垄断行为往往是由具备垄断地位的主体实施，而垄断地位的形成必然伴随着定价权的产生。定价权可以被分为经济定价权与行政定价权，经济定价权源自于经济垄断地位，行政定价权可能源自于政府特许经营、行政规章保护、政府补贴等。但无论是哪种定价权唯有干预了市场对资源配置功能的发挥，才能成为《反垄断法》的规制对象。

第 2 章 理论基础与文献综述

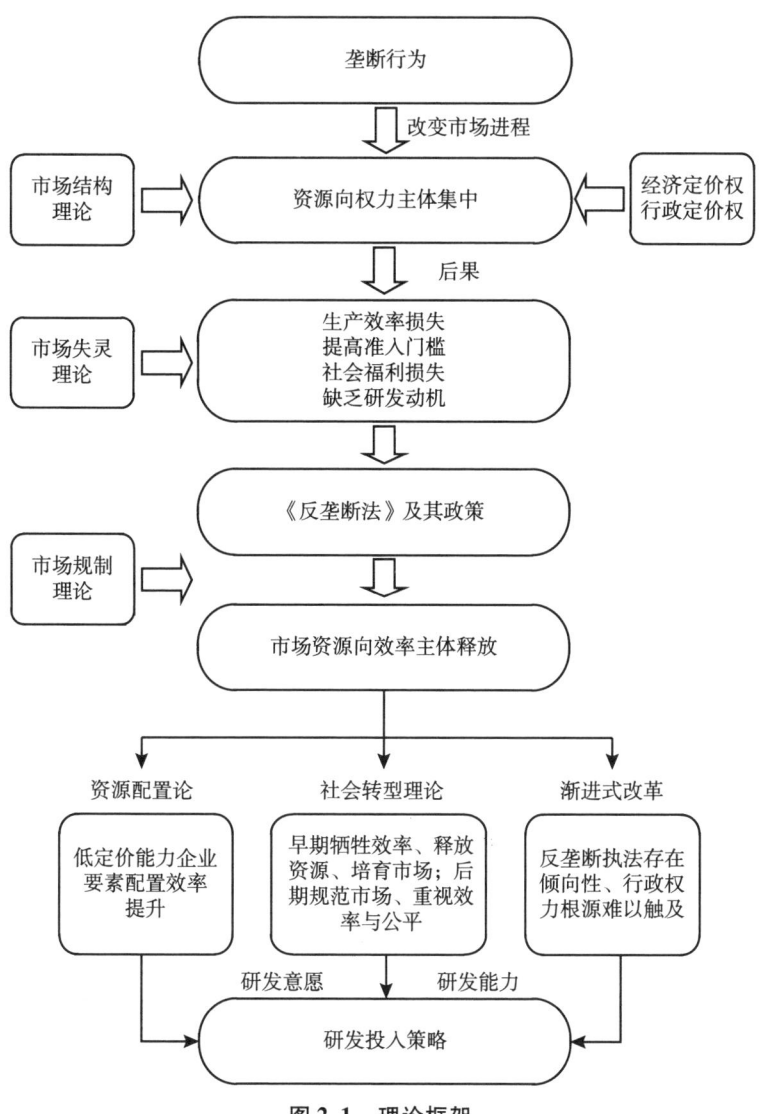

图 2.1 理论框架

根据市场规制理论推演,《反垄断法》及其相关政策是将市场资源重新向效率主体释放的过程。由于这一过程并非是市场资源的直接分配,因此需要由非垄断主体以提升自身效率的方式以获取释放的市场资源,从而促进了低定价能力企业的资源配置效率。与此同时,站在更宏观的视角,将反垄断政策作为我国经济转型过程中必不可少的一环,那么社会转型理论下早期利用租金机制牺牲效率向市场释放资源以培育市场,后期通过规范市场重新由市场掌控资源配置效率与自由竞争公平,也显得更为必然。行政垄断在我国根深蒂固的原因在于转型经济体渐进式改革不可避免的路径依赖,这一路径依赖同样也会反映在《反垄断法》执法的深度与力度上,因此,即便当前《反垄断法》执法具有一定的倾向性,也是现阶段所必须经历的过程。

《反垄断法》实施所带来的市场效率的提升与竞争广度与深度的扩张,对微观企业最为直接的影响就是研发行为。研发意愿与研发能力是影响研发投入的两项核心因素。反垄断迫使市场资源向效率主体释放,竞争环境与营商环境的改善,一方面公平竞争权利的维护使得市场主体更有机会通过研发获取市场成功;另一方面非生产性寻利成本的下降也将为企业研发提供更多的资金支持。因此,反垄断将带来企业研发投入策略的改变。

2.2 文献综述

2.2.1 影响研发投入的因素

企业研发投入的多少往往取决于企业进行研发活动的能力及意愿两个部分(Zhong, 2018)。其中研发能力是指创新作为一项高投入,长周期的活动需要大量的研发技术支持以及资金支持,研发人员的匮乏、技术积累的薄弱、融资的约束均会阻碍企业的研发。而创新作为一项高风险的活动,于管理层、投资者、员工等的风险承担意愿也对其具有至关重要的影响。

第2章 理论基础与文献综述

1. 研发能力

研发能力相关研究文献主要包括了研发技术能力决定因素以及支持研发的融资能力决定因素两个方面。

（1）研发技术能力。

研发技术能力与管理层特质。基于高层梯队理论，企业创新行为很大程度上会受到管理层特质的影响。虞义华等（2018）研究表明发明家、董事长和总经理能够在企业研发过程中提供专业知识、并且向企业内部个体发明家传递激励信号，因此能显著提高企业研发投入、创新产出、创新效率。何瑛等（2019）则从CEO的职业经历对此进行验证，研究发现，职业经历丰富的CEO可以给企业带来更高的创新水平，其中跨企业经历对创新的影响程度最高，其次是跨行业经历以及跨组织机构经历，跨职能部门经历和跨地域经历对企业创新的影响程度最低。

研发技术能力与员工能力。作为创新决策的执行者，企业的研发能力与员工能力以及特质同样具有密切的联系。与何瑛等（2019）对于CEO职业经历多元化的研究相似，彭泗清等（2008）基于自我分类理论以及自我确认理论分析了员工多元化对创新行为的正向影响机制。建议企业培养增强员工多元化适应能力以及团队多元化管理能力，以提升企业的研发能力。除此之外，员工的年龄可能也是构成创新的影响因素之一，德里安等（Derrien et al.，2018）通过对美国的劳动力人口统计数据研究发现，年轻的劳动力通过劳动力供应渠道而非融资供应或消费者需求渠道，能够产生更多的专利数量和引用量。随后，阿内利等（Anelli et al.，2019）通过对意大利移民数据的研究也证实了这一点。

研发技术能力与外部技术溢出。除了企业内部的技术积累外，外部的技术溢出程度同样能够影响企业的创新能力。陈思等（2017）研究发现风险投资的进入能够为企业引入更多的研发人才以及行业经验和资源，因此能够显著提升企业的创新水平。外资背景、联合投资、长期投资对被投资企业创新的促进作用更强。布拉夫等（Brav et al., 2018）则研究了对冲基金能够通过创新资源的重新分配，人力资本的重新部署以及董事会专业知识的转变，降低了企业的研发投入，提高了企业的创新效率。除了微观层次引入机构投资者可以为企业带来技术溢出效应外，毛其淋（2019）从区域技术溢出角度，评估了外资进入对本土企业创新的影响。研究发现，外资进入带来的技术溢出不仅显著提高了创新程度，而且还有利于延长本土企业的创新持续时间。

（2）研发融资能力。

企业的研发活动的投入往往需要高额资金的支持，从企业能够获得创新融资的渠道来看主要包括资本市场以及政府补助。资本市场的资金来源则主要包括了银行信贷市场以及股票市场。

研发融资能力与信贷市场资金供给。本弗拉泰洛等（Benfratello et al., 2008）研究发现发达的银行体系可以促进流程创新，尤其是小型或高科技公司以及那些更依赖外部金融的行业，但银行体系对产品创新的积极作用要弱得多。阿莫尔等（Amore et al., 2013）以及夏凡尼等（Chava et al., 2013）从银行间竞争角度研究了银行信贷对企业创新的影响，作者们发现美国州际银行放宽管制能够显著降低制造业企业融资约束，提高企业的创新能力。值得一提的是，科纳吉等（Cornagiag et al., 2015）在银行竞争对美国上市公司创新的影响研究中却得到出乎意料的相反结论，最终作者通过分别研究银行竞争对上市公司及非上市公司的影响后发现，银行竞争通过向小型创新型公司提供融资进行了更多的创新活动，做大做强，避免被上市公司收购，从而降低了上市公司的收购创新。张璇等（2019）对于中国银行业竞争的研究发现其能够显著提高信贷配置效率，增加中国上市公司的创新水平。除此之外，作者还发现股份制银行和城商行的竞争能更好地推动企业创新，因此健全多层次、多元化的金融体系对于缓解企业创新的融资困境更为有利。而除了信贷市场的供给，信贷政策的中性与公平同样影响着创新型企业的融资能力。王永钦等（2018）研究发现行业内僵尸企业的存在扭曲了信贷配置效率，加剧了正常企业的资源约束、损害行业的公平竞争，从而显著降低了正常企业的创新能力。对于企业而言，想要在信贷市场上获得更多的融资，保证良好的银企关系无疑是最有效的手段。赫雷拉和米内蒂（Herrera and Minetti，2007）以及温军等（2011）发现金融关联除了可以为企业带来更多的资金支持外，与其他融资渠道而言，不会对企业创新活动产生过多的干预和约束。

研发融资能力与资本市场资金供给。作为连接企业与证券市场的重要纽带，股票市场对于企业创新也发挥了其融资作用。张劲帆等（2017）、郝项超等（2018）均发现股票市场IPO、融资融券等融资行为能够通过缓解企业融资约束来增加企业研发投入能力，显著促进创新与人才队伍建设，而且相比债务融资，股权资金更有利于企业创新，将显著增加发明专利的数量（钟腾和汪昌云，2017）。从更宏观的视角，许等（Hsu et al.，2014）研究发现股票市场发展较好的国家可以观察到更多的行业创新，而发达的信贷市场则会阻碍创新行为。对于企业而言，想要在股票市场上获得更多的融资，往往需要保证其信息透明度。布朗和马丁森（Brown and Martinsson，2019）使用国际层面数据的研究表明，一个国家的整体透明度对研发投资和专利申请率有积极影响，特别是在相对更依赖股权融资来源而不是银行债务的行业。江轩宇等（2017）则从会计信息可比性的角度揭示了当企业致力于降低信息不对称程度时，能够在很大程度上缓解企业创新活动融资约束，创新作为国家经济的驱动力，往往能够得到较大的政府支持，这些来自政府的支持往往也能在极大程度上缓解企业的融资约束。豪厄尔（Howell，2017）通过使用美国能源部SBIR资助计划排名申请人的数据研究发现早期资助增加了创新活动的融资、成功和盈利能力，对于面临更多财务限制的初创公司，这种影响更为明显。钟凯等（2017）研究发现财政补贴能够为企业创新投资提供重要的融资支持。蔡等（Cai et al.，2018）基于中国数据的研究发现实际税率的降低提高了公司创新的数量和质量，特别是对于财务拮据的公司和实行更多逃税的公司更为显著。阿塔纳索夫和刘（Atanassov and Liu，2020）基于美国数据也得到了相似的结果。阿基吉等（Akcigi et al.，2018）则发现虽然个人所得税和企业所得税对创新都具有负面影响，但公司发明人比非公司发明人对税收的反应更大。

研发融资能力与政府资金供给。政府补助对于企业创新的影响取决于补助资金是否用于企业创新。黎文靖和郑曼妮（2016）研究发现受产业政策激励的公司，虽然专利申请显著增加，但往往仅进行策略性创新而非实质性创新，追求"数量"而忽略"质量"。陈等（Chen et al.，2018）研究了中国的高新技术企业认定（InnoCom）计划，该计划是对研发投资巨大的企业所得税减免政策。但作者发现，虽然企业对 InnoCom 计划提供的税收优惠政策有很高的反应能力，但是很大一部分反应仅在于管理费用的重新分配。针对上述矛盾的结论，郭玥（2018）研究发现，政府针对创新项目进行政府补助将显著增加企业创新产出，而非针对创新项目进行政府补助则没有这样的影响。另外，还有一些研究认为，获得政府补助的信号也是企业产生创新产出增加的重要因素之一。

2. 研发动机

如上文所述，企业研发决策很大程度上是由高管作出的，因此研发的意愿往往也会受到管理层特质的影响。加拉索和辛科（Galasso and Simcoe，2011）研究发现过分自信的 CEO 更有可能追求冒险，以创新展示自己的能力，在更具竞争性的行业中这种影响更大。阿迪卡里和阿格拉沃尔（Adhikari and Agrawal，2016）、桑德等（Sunder et al.，2017）分别以赌博文化和 CEO 驾驶小型飞机爱好作为冒险程度代理变量验证了上述结论。而基于委托代理理论，投资者与管理层代理成本的降低，也可以有效激发管理层的研发动机。

激励研发的管理层动机。田轩和孟清扬（2018）研究发现股权激励计划如股票期权、限制性股票对于企业研发行为具有显著的激励作用。但当股价接近行权价时，限制性股票对高管的惩罚性会抑制高管创新的动机，而股票期权则能对管理层形成保护并持续促进企业创新。员工作为研发活动的执行者，上述研究结果同样适用。田轩和孟清扬（2018）的研究中也表明当股权激励对象包含核心技术人员的企业时创新激励的效果会得到显著提升。孟庆斌等（2019）的研究表明，实施员工持股计划实现"利益绑定"的功能，提高员工在研发活动中的努力程度、提升团队间协作、保证研发团队稳定性，因此研发效率能够得到显著提升。但与股权激励计划不同的是，员工持股计划对研发的促进作用主要来自员工持股，而非管理层持股；而非杠杆型持股、购买时高折价、锁定期较长的员工持股计划对研发的激励作用更强，但是需要注意的是当员工持股计划持股人数过多时则可能发生"搭便车"的现象，会对研发产生负面影响。坦等（Tan et al.，2019）在对2005年中国股权分置改革的研究中也发现私有化同样能够起到建立政府代理人与私人股东之间更好的利益契合关系，激励企业研发动机。

抑制研发的管理层动机。研发作为一项高风险、高投入、长周期的活动，它往往会受到管理层短视的影响，当管理层受到短期压力时，常常会牺牲研发活动，以维持日常经营业务。施坦因（Stein，1989）提出管理短视是指管理层在面对短期压力时，为了使企业短期业绩最大化，往往会选择利润高、风险低的投资项目以快速提升业绩与稳定股价，而对创新等高风险的长期项目存在投资不足的现象。后续诸多学者通过实证研究验证了这一理论。方等（Fang et al.，2014）研究发现上市公司股票的流动性越高，不仅会显著增加上市公司被收购压力，还会因为投机型和指数型被动投资者持股比例增加继而对企业产生短期业绩压力，这些都会显著抑制企业创新。伯恩斯坦（Bernstein，2015）通过对比成功上市和撤回IPO申请的两类公司的创新效率后发现，公司上市后管理层的职业生涯压力增加，会减少企业的内部研发，而转向外部收购创新，进而导致创新的质量下降。何和田（He and Tian，2013）研究了分析师关注对企业创新活动的影响，他们通过对美国市场的实证研究发现分析师关注会给上市公司管理层带来压力，导致管理者将更多的精力放在短期业绩上，而选择牺牲企业的长期投资。甫等（Fu et al.，2012）研究发现公司财务报告频率增加会加重管理层短视，降低公司研发活动。这里值得注意的是对于中国的研究文献中常常表明上市与分析师跟踪，透明度增加能够通过降低信息不对称，缓解融资约束，增加企业创新。徐欣和唐清泉（2010）、陈钦源等（2017）等学者提出美国市场会出现这种现象主要是因为其股权分散，短期投资者比例较高，这些投资者对短期内的股价下跌容忍度较低，管理层出于对声誉的考虑，减少创新投资的动机才会如此强烈。我国则恰恰相反，股权高度集中，因此对短期股价下跌的容忍度相较于美国要高，并且中国市场相较于美国市场主要的问题在于信息透明度较低，市场对于企业信息解读的能力有限且成本很高，所以往往会出现一些反应不足或者反应过度的情况，而分析师的关注能在信息解读及对企业的监督上发挥极大的作用，可以有效降低企业和投资者之间的信息不对称，减轻企业的融资约束，从而提高企业创新。

利益相关者的研发抑制动机。除了管理层之外，投资者、员工等同样在短期压力下也会产生短视行为。阿加瓦尔等（Agarwal et al.，2018）基于美国监管提高了共同基金经理的投资组合选择的透明度这一事件的研究发现，对披露投资组合持有量的更高要求给基金经理带来了短期压力，从而加剧了短视，而这压力最后被传至公司，减低了企业的研发水平。李常青等（2018）研究表明控股股东股权质押会抑制企业研发投入，但这一负面影响主要在股权质押率比较高或接近平仓线时得到体现。伯恩斯坦等（Bernstein et al.，2017）研究发现金融危机时期，住房财富的减少，对员工产生了压力，员工更倾向于从事低风险项目，专利质量与数量均显著下降。

管理短视动机的克服。如何才能降低抑制短期压力对创新带来的影响呢？曼索（Manso，2011）认为只有容忍研发失败与强化长期研发成功的奖励才能真正促进创新。为了营造这种创新激励的企业文化环境，企业应采用长期薪酬计划，提供工作保障，并及时向其经理和主要研发人员提供绩效反馈。田和王（Tian and Wang，2014）实证证实了这一理论，作者基于早期股权投资者对表现欠佳企业的处理方式对于企业后续文化的形成具有很强的持续性，设计了一种衡量公司文化宽容度的方法，研究发现由更多具有容错能力的风险资本支持的 IPO 公司，其创新投入与质量显著较高。阿吉翁等（Aghion et al.，2013）以及隆等（Luong et al.，2017）则发现机构投资者能够通过主动监控或提供研发失败保险而缓解管理层短期压力，并能够显著提升创新产出。

外部政策环境对研发动机的影响。企业研发动机同样也会受到外部政策的影响。其中知识产权的保护措施无疑是最为关键的。莫瑟（Moser，2005）发现，当一个国家缺乏专利保护法时，保密成为专利授予的有效替代品，创新活动将集中在少数行业中。相反，拥有专利法的国家则能够在更多元化的行业中进行创新。施普尔伯（Spulber，2013）在此基础上，通过理论研究发现竞争和知识产权保护在刺激创新中的互补作用。要拥有适当的知识产权，就会形成发明市场，相应的竞争压力的增加会促进创新激励。而当知识产权不完全适用时，发明市场的空间有限，这将降低竞争压力并抑制创新的动力。方等（Fang et al.，2017）则发现在中国法律和金融机构相对薄弱的环境下，知识产权保护和所有权结构共同决定创新的效力。在国际环境下，阿查里亚和苏布拉曼（Acharya and Subramanian，2009）从债权人角度进行了研究，作者发现对债务人有利的破产法通过促进破产后的延续而鼓励了企业创新，而对债权人友好的法律却起到了相反的作用。倪骁然和朱玉杰（2016）发现《劳动合同法》对于劳动保护的增强，可以降低员工的短期压力，促进企业整体创新水平的提高。除了以上政策对于管理层创新压力的影响之外，郝威亚等（2016）、陈德球等（2016）以及巴塔查里亚等（Bhattacharya et al.，2017）研究发现，政策的不确定性如地方官员更替等同样也会推迟研发投入决策，从而抑制企业创新。

2.2.2 市场竞争对研发投入影响

对于市场竞争对企业研发投入的影响，多年来，诸多学者从各个角度进行了数十年的研究，但结果往往并不一致，主要观点包括研发抑制论、研发促进论以及非线性论。

1. 创新抑制假说

对于市场竞争对企业研发影响早期最具代表性的观点是熊彼特创新假说。熊彼特（Schumpeter，1942）认为完全竞争市场并不是一个竞争友好的市场环境，他在《经济发展理论》提出，创新需要依靠大量的企业内源融资，以此为前提，竞争会减少企业的超额收益，对创新有负向影响，而拥有垄断地位的企业，依靠其规模优势，可以获取较高的超额利润，拥有充足的外部融资能力，因此能够承担更高的风险，其创新的能力以及动机均会远远高于处于完全竞争环境下的小企业。企业规模能够为创新提供持续稳定的资金基础，具有一定市场支配力量是确保创新成功的必要条件。

但是竞争和创新存在负向关系的实证文献比较少。舍雷尔（Scherer，1965）以市场集中度作为竞争程度的代理变量，研究发现竞争与研发活动之间存在微弱的正向联系。也有学者研究发现，竞争会促使优势企业创新下降（Blundell et al.，1999），且竞争对手研发努力会对本企业研发行为有负面影响（Crépon et al.，1998）。坎潘特和卡茨（Campante and Katz，2007）考察了在多市场条件下的竞争和创新，结果发现两者之间存在负向关系。张峰等（2016）基于中国民营制造企业问卷调查数据的研究发现，中国非正规部门的存在及其灰色竞争行为抑制了正规企业的研发行为，使得企业战略更多地转为模仿而非独立创新,并且该抑制作用在政府管制重的地区更加严重,在知识产权保护力度较强或者经济发达的地区则有所缓解。

2. 研发促进假说

"阿罗假说"认为竞争能促进研发,其观点与"熊彼特假说"完全相反。阿罗(Arrow, 1962)构造了竞争创新企业模型,该模型在假定发明者能永久拥有所有权的前提下,比较了竞争与垄断情况下创新者的潜在收益。该研究发现,在竞争行业中,创新能够降低企业成本、增加企业利润,因而企业具有充分的动力研发;而垄断行业中,垄断企业利用优势地位即可获取长期垄断利润,造成其创新意愿远不如竞争行业。这种因垄断利润挤出创新意愿或创新激励的现象被称为"替代效应"(Tirole, 1997)。威廉姆森(Williamson, 1965)以市场集中度作为竞争程度代理变量的实证研究证实了竞争与研发之间的这一正向关系。哈希米(Hashmi, 2013)、冈田(Okada, 2005)、格里菲斯等(Griffith et al., 2006)分别以美国上市公司数据、日本和OECD国家的数据进行研究,均得到竞争促进创新的结论。对于竞争与创新之间的早期研究,主要针对竞争与创新之间的相关关系,但是企业创新的发展同样也会影响企业的竞争策略。科雷亚和奥尔纳基(Correa and Ornaghi, 2014)利用关税水平代理来自国外的竞争,并将其作为竞争的工具变量,以此缓解了对市场结构与创新之间反向因果关系。实证结果显示竞争与创新之间存在着单调正向关系。施普尔伯(Spulber, 2013)再在上述研究中引入了知识产权保护情景,作者提出产业竞争和知识产权保护在创新激励中存在互补作用。知识产权的存在有助于发明市场的形成,而竞争压力则能够激励企业研发。但是,当知识产权保护政策薄弱时,发明市场的空间有限,企业往往会垂直整合其研发和生产运营,这将会降低竞争带来的创新激励作用。

上述研究主要针对的是发达国家如美国、日本等的研究,卡林等(Carlin et al.，2004）利用欧洲复兴开发银行和世界银行提供的企业环境调查数据，对 24 个转型国家 4000 余个公司的调查数据对竞争与创新之间的关系进行了研究，不同于发达国家的静态竞争环境，计划经济向市场经济转型这一背景决定转型国家的研发环境完全不同。作者研究发现，转型国家的市场竞争同样有利于企业创新与企业效率。张杰等（2014）研究发现在中国情景下，竞争和企业创新之间也呈现出了显著的正相关关系，但是该正向激励作用仅在民营企业中存在，而国有企业以及外资企业均未得到体现。这主要是因为民营企业中存在着逃离竞争的创新效应，但国有企业的垄断地位和外资企业的超国民待遇，扭曲了竞争对创新的内生激励作用。在此基础上，何玉润等（2015）从"行业间市场竞争"和"行业内市场地位"两个维度对创新效应进行检验发现了相似的结论，此外作者还发现，当企业高管薪酬激励和股权激励水平较高时，竞争对企业创新的激励作用更为显著。

3. 非线性假说

"熊彼特假设"和"阿罗假设"认为竞争与创新之间呈线性关系，但从结论来看是对立的，并且两者都获得了实证数据的支撑。而舍雷尔（Scherer，1967）通过对美国人口普查数据的研究首次观察到市场集中度与研发水平之间存在"倒 U 型"关系，企业创新随竞争程度的提高先升后减。这一结论同样得到莱文等（Levin et al.，1985）、斯科特（Scott，1984）的证实。那么造成这三种现象同时出现的原因是什么呢？"熊彼特 - 阿罗之争"的关键在于两种观点都基于简化现实的假设。佩内德（Peneder，2012）提出"熊彼特假说"和"阿罗假说"均基于特定的竞争环境，前者要求高市场竞争水平而后者则假设在垄断环境之中，这给与了后续研究调和两者矛盾的契机。阿吉翁等（Aghion et al.，2005）在考虑竞争的初始水平与企业之间的技术水平差距的前提下提出了"逐步创新"模型。该模型认为当企业初始技术水平较低时，难以立刻通过研发获得领导地位，在此之前，首要任务是追赶技术前沿。此时，决定企业竞争能力的是它与竞争对手的相对水平的差距而非研发能力的绝对水平。市场竞争的增加会产生促进创新的"竞争逃逸效应"以及抑制创新的"熊彼特效应"，"竞争逃逸效应"是指企业存在激励通过研发获取垄断地位以逃离竞争环境，而"熊彼特效应"则是指有能力创新的企业为了不破坏原有的垄断利润不愿意进行创新。当竞争程度较低时，"竞争逃逸"将主导企业努力研发以占领市场，当初始竞争程度较高时，"熊彼特效应"将降低垄断企业的创新意愿。若行业内技术水平差距不大，竞争会刺激企业跨越较小的技术沟壑而研发创新，实现超越；但若行业内技术水平差异巨大，竞争程度越高则越容易造成无序竞争，抑制创新。这便是"阿吉翁假设"。阿吉翁等（Aghion et al., 2005）在文中用英国制造业上市公司数据，验证了竞争与创新的"倒 U 型"关系。值得注意的是，作者考虑到用市场化指标作为竞争的代理变量可能存在内生性问题，因此采用了以关税率和运费为度量的国外的竞争指标作为竞争的工具变量，这在很大程度上缓解了内生性问题。

此后诸多学者均发现了竞争与创新之间的"倒 U 型"关系，如范德维尔（Van der Wiel，2010）、波尔德和威德森（Polder and Veldhuizen，2012）、布恩（Boone，2008）从人均研发支出、价格与边际成本、技术扩散等视角验证了竞争与创新之间的非线性关联。而中国学者聂辉华等（2008）在中国工业企业数据库样本中也同样发现了市场竞争程度与创新之间的"倒 U 型"关系。这一结论同样得到国内徐晓萍等（2017）、夏清华和黄剑（2019）的确认。

2.2.3 市场环境变化带来的影响

1. 产品市场环境

在产品市场方面，产品市场竞争程度的提升将影响企业创新动机。哈希米（Hashmi，2013）、张杰等（2014）提出企业所处产品市场的竞争对企业创新影响可能受行业竞争结构类型的影响，形成不同方向，在企业间技术差距相对较小、竞争较为激烈的行业内，企业更有动力通过创新活动提升产品质量、增加产品差异化程度将自身与行业内竞争对手区分，以击败竞争对手，此时产品市场竞争将促进企业创新；但在企业间技术能力差距较大、技术领先者远远领先后发企业的行业内，垄断带来的超额利润则成为了企业支持创新的内部资金，对更多超额利润的需求将增强垄断企业研发动机，此时产品市场竞争与企业创新之间呈现负相关关系。吕云龙和吕越（2018）发现对于我国而言，在经过长期的经济体制改革后，目前下游行业基本已实现自由竞争，但上游行业仍呈严重的垄断状态。生产过程中，较高的上游垄断水平会提升下游企业中间品投入成本，此时下游企业的投资和创新能力下降。王永进和施炳展（2014）研究发现上游企业垄断程度的下降有利于促进下游企业创新，但这种促进作用与下游竞争程度有关。

2. 技术市场环境

在技术市场方面，由于只是具有强外部性，竞争会使得行业中出现技术外溢现象。格罗斯曼和夏皮罗（Grossman and Shapiro，1987）指出企业研发投入中除了自身知识累积外还受到竞争对手知识外溢的影响，企业只有充分获取并了解竞争对手的相关信息，适时调整自身的研发策略才能在竞争过程中制胜。张杰等（2007）发现领先企业与后发企业存在技术溢出，而后发企业模仿导致了领先企业创新动力的丧失。杨风（2016）研究发现良好的宏观环境、创新氛围、辅助创新条件等均会对企业研发带来正向的激励作用。

3. 金融市场环境

在金融市场方面，我国的金融体系是以银行为主导，相对发行股票等直接融资方式，银行信贷是企业外部融资的重要渠道。研发活动具有较高的调整成本，需要持续的资金支持，资金链断裂导致的研发中断将对企业带来重大损失（Hall，2002；鞠晓生等，2013）。外部融资约束会对研发产生显著的抑制作用（Cornaggia et al.，2015；周开国等，2017）。相对固定资产投资，企业研发因知识的排他性以及前期投入人力与知识成本的不可预测等特征面临着严重的内外部信息不对称，致使企业研发融资成本提高、财务风险加剧。

阿亚加里等（Ayyagari et al.，2010）提出在信贷供给过程中，政府干预的存在会导致信贷资源配置严重扭曲。齐兰和王业斌（2013）发现我国国有银行的垄断地位以及国有银行在信贷客户选择中的所有制倾向，导致信贷资金更多流向国有企业，这在技术创新方面造成显著的效率损失。艾伦等（Allen et al.，2005）、祝继高和陆正飞（2011）、魏志华等（2014）大量学者研究均表明缺乏政治关系的民营企业、可抵押资产规模较低以及经营不确定性较高的初创企业面临着"信贷歧视"，而这类企业往往正是具有较高的创新积极性与成长能力的企业。基于此《反垄断法》的出台为银行业反垄断提供了重要的法律依据和可靠的法律保障，扼制了银行等金融机构系统中的行政垄断行为。

叶欣等（2001）以及齐兰和王业斌（2013）研究表明我国金融市场改革带动了银行业从垄断到竞争结构的转变，这大大促进了包括银行和其他金融机构在内的金融市场有效发展，降低了企业利用垄断地位获取优惠信贷融资的可能性。蔡竞和董艳（2016）从信贷供给角度提出银行业竞争水平的提高将导致信贷成本的降低以及对抵押质押品要求的下降，国有银行的主导地位随着其他商业银行的崛起而逐渐减弱，中小企业的信贷可获得性提高。银行间的竞争关系将导致其对贷款客户信息独占可能性的下降，此时银行与企业之间发生关系型优惠贷款的可能性降低。而在信贷需求角度，产品市场中竞争程度的提升也将促使感知到外部经营压力的企业管理层提高信息披露水平、释放质量信号，缓解企业与金融机构之间的信息不对称，降低融资成本并提高融资规模，企业融资能力的提升将有利于其开展创新活动。进一步，在货币政策相对宽松的时期，企业相对银行占据更多话语权，企业可以在银行竞争加剧的情况下实现多方贷款，银行也可能为争夺贷款客户加大对创新型企业的支持力度。从债权人治理角度，银行业竞争程度加剧可以降低道德风险与缓解信息不对称。因此，促进银行业竞争、改善信贷融资环境等机制将对企业创新能力起到提升作用。

2.3 研究述评及研究启示

本章分析了垄断、竞争、研发之间的文献关联，从影响研发投入的因素出发，既有研究从微观企业因素、中观市场因素、宏观政策因素三个层次展开研究。总体而言，表现出如下特征：

第一，从微观企业因素看，企业的研发投入策略主要受到研发投入能力和研发投入意愿的双方面影响。从研发投入能力角度，管理层特质、员工能力、研发外部技术溢出均是决定研发技术能力的因素，而信贷市场资金供给（如银行贷款）、资本市场资金供给（如IPO）、政府资金供给（如政府补贴）均会影响企业的研发融资能力。由于企业研发活动是高资金依赖的风险活动，资金支持已被大量文献证明是促进研发的关键性资源。从研发投入意愿角度，高管、员工等研发决策者或执行者将会因为面临短期压力而削减高风险的研发活动，与此同时，外部政策环境诸如专利保护环境、产权保护环境、员工保护环境等均会影响企业的研发投入意愿与动机。

第二，从中观市场因素看，垄断和研发之间的关系已有大量的研究，但垄断和研发之间的相关关系未能有明确的定论。如熊彼特（Schumpeter，1942）与阿罗（Arrow，1962）间关于垄断与竞争的争论呈现完全相反的结论，熊彼特（Schumpeter，1942）认为垄断企业依靠规模优势可以提供创新所需的利润资金支持和外部融资条件,能够承担更多的失败风险,其创新能力远高于完全竞争条件下的小企业,而阿罗(Arrow,1962)则认为在垄断行业中,垄断者往往安于现状,这是因为当垄断企业采用新技术以降低成本时会降低原有技术所带来的垄断利润,所以其创新意愿远低于竞争行业。虽然两位学者对垄断与创新的影响没有一致的定论,而且认为两者关系"非线性"的学者均从实证经验中找到了对应证据,但企业研发的目的即是获取垄断利润这一论断毋庸置疑。与此同时,竞争地位如何并不是最重要的因素,从各国的司法实践来看,比如美国1890年《谢尔曼法》,不约而同地认定"垄断行为"是有害于市场均衡的事物,垄断行为是造成福利损失的根源而非垄断地位。这也是《反垄断法》的价值基础。

第三,从宏观政策因素来看,竞争政策将带来市场竞争加剧、技术竞争溢出、金融错配改善等效果。从市场竞争角度而言,竞争政策将促进产品市场竞争、纵向定价势力的下降,通过竞争环境与企业资金能力改善企业研发。从技术竞争溢出角度,现有文献均是构建博弈模型考察企业与企业之间的技术竞争,发现研发投入不仅是一项自我知识与技术积累的过程,也是一种具有外部溢出的企业活动。这一领域尚未有研究直接以企业间技术竞争为对象进行实证检验。

从现有的文献回顾来看,影响企业研发投入的因素主要有研发意愿与研发能力,虽然垄断地位与企业研发之间未有明确的线性关系,但垄断行为才是反垄断所规制的根本,因此,反垄断所带来的是研发环境的改善与市场格局的改变。这种市场环境的改变与营商环境的优化将深刻地改变企业与企业、政府与市场、国企与私企、权力与效率之间的关系,进而影响到进入企业的要素资源分配,比如资本、劳动要素价格、中间品定价等,最终导致企业研发投入能力与意愿的改变,而这一宏微观视角均未有文献进行深入研究,这也是本书研究切入的关键点。

第 3 章
我国反垄断政策的制度背景分析

3.1 反垄断的西方实践与经验

3.1.1 西方反垄断历史演进格局

美国的反垄断政策是以《反托拉斯法》（Anti-trust Law）为核心的。"Trust"本意为股东表决权信托，即股东将表决权集中于某一代理人手中，获取凭证以分享公司收益。但随着概念体系与实践的演变，托拉斯逐渐演变为企业为垄断目的联合的组织形式，在缺乏相关规制手段的 19 世纪末，这种组织形式迅速席卷燃油、烟草等行业。

对于托拉斯这种新型的组织形式，传统的普通法往往显得无能为力，也直接促成了美国反托拉斯法的诞生。经过百余年的发展，美国的反托拉斯法案包含了 1890 年的《谢尔曼法》、1914 年的《克莱顿法》和《联邦贸易委员会法》等。尤其是《谢尔曼法》的核心 7 款法条，针对合谋行为（第 1

条）与针对垄断或谋求垄断行为（即滥用市场支配地位，第 2 条）对现代各国的反垄断立法与司法体系产生了深远的影响。

欧洲的反垄断法被称为竞争法，经过数十年的发展已形成了完全不同于美国的竞争法体系，称为欧美竞争法体系。欧美竞争法体系主要由《罗马条约》《马斯特里赫特条约》《阿姆斯特丹条约》《里斯本条约》等组成，其形成过程均是与欧洲经济一体化进程有着密切的关联。1957 年欧共体成立，正式签订的《罗马条约》（Treaty of Rome，即《欧共体条约》）第 85、86 条关于垄断协议与滥用市场支配地位的规制、指定欧共体委员会下设竞争总司作为执行机构，成为了欧洲竞争法的初始蓝本。1992 年的《马斯特里赫特条约》（Treaty of Maastricht）与 1997 年《阿姆斯特丹条约》（Treaty of Amsterdam）既改变了欧盟取代欧共体的经济联盟格局又对原《罗马条约》中相关竞争条款进行了修订与调整，将原竞争法的第 85、86 条调整为第 81、82 条。2009 年《里斯本条约》（Treaty of Lisbon，即《欧盟运行条约》）又将竞争法的部分进行了延续，成为了欧洲一体化的重要工具。

美国反托拉斯法和欧盟竞争法体系，为当前大部分国家的反垄断立法的核心奠定了制度基础，"反垄断协议"和"限制垄断地位企业滥用支配地位"成为反垄断法的两大核心内容，加上预防目的的"经营者集中审查"，成为反垄断实体法律的三大支柱。这也是我国直接借鉴国际反垄断立法经验的核心内容，加上我国特殊的行政垄断规制，形成了反行政垄断、垄断协议、滥用支配地位、经营者集中审查的四大规制格局。

3.1.2 西方反垄断内容框架与价值原则

最优的竞争政策并不存在，但是西方反垄断研究形成了有一套完整的内容框架和价值原则，以确保法的适用以及合理的价值判断。从美国、欧盟等发达经济体的竞争政策体制所提供的国际经验表明，这些深层次的内容框架与价值体系,为反垄断执法提供了基本方向与基本原则。

1. 反垄断政策的目标

纵观不同的反垄断辖区的竞争政策,它们均有一个共同的政策目标体系与基本的价值基础,这些目标基本包括:打击滥用支配地位的垄断行为、保障企业之间竞争具有公平的环境、最大限度保障消费剩余与社会福利、促进与提升企业的生产效率、提供公平竞争环境所需的系列条件、保障市场对经济资源的有效配置与运行、促进市场内公平自由贸易。在司法实践中经常会出现目标之间的冲突与矛盾,比如一方面允许规模经济与市场支配地位的存在,另一方面又限制与预防市场集中程度的过度上升,实质上造成了垄断行为处罚与限制过度集中审查共存的局面,即便如此,反垄断仍在市场规制方面发挥了重要的作用。

2. 反垄断政策的逻辑一贯性

无论是美国还是欧盟的反垄断法案,均有一套清晰的规则与逻辑严密的指导原则,这些原则将保障反垄断政策在不断地演进与变化之中不偏离反垄断的核心目的,与此同时,这些原则将进一步衍生出法律适用原则、程序以及经济分析的准则,使得经济环境无论如何变化,新的案件情况无论多复杂均有一套逻辑一致的解释与解决方案,方便司法与执法的同时,告诉企业哪些行为在这些原则的指引下是被允许的,而哪些行为则是会被禁止的。清晰的原则与逻辑一贯性将引导企业遵守竞争政策与规则,降低执法部门的执法成本,抑制潜在可能出现的限制竞争行为与垄断行为,更是将充分竞争行为在整个市场中延展与推广。

3. 反垄断政策执行健全的机构

美国与欧盟的执行制度框架在反垄断政策实施之初是具有巨大差异的,

第 3 章　我国反垄断政策的制度背景分析

然而随着执法实践的深入，美国与欧盟的执法主体不约而同地将执法权集中于强大的集权机构来进行执法，同时这一执法机构的监督职能往往受到独立的法院的监督。事实上，按照西方国家三权分立的思想，执法机构与法院、行政机关与立法机构均有不同程度的制衡，而这一制衡关系也赋予了反垄断独立执法的基本制度环境，这一特点是与我国所不同的。反垄断的独立执法功能将隔离执法环节与行业管制之间的矛盾，而反垄断执法与行业管制冲突也恰恰是我国的反垄断推行阻力之一。

4. 反垄断政策执行的正当程序

反垄断政策执行需要立法与执法环节的配合，同时它也是立案与判案过程的分离过程。具体而言，西方国家反垄断执法机构受法院监督，是更重司法的执法体制，立案调查环节与判案环节的分离能够更好地解决同一机构立案与判案带来的固有偏倚。与此同时，独立的反垄断审查程序也保障了商业秘密的保密与程序公正透明。因此，反垄断政策执行的正当程序是保障反垄断执法过程中形成逻辑一致、思路清晰的程序体系，来实现规避固有偏倚带来的"程序伤害"，同时反垄断框架中设置救济与弥补条款也同样为保障程序正义提供了必要的正当挽救措施。

5. 反垄断的豁免制度

反垄断的豁免制度本质是"适用除外"[①]，是当出现某些特定情况或特定行为时反垄断法不予追究的制度。这一制度在美国、欧盟的反垄断立法框架中，通过识别一些特定的"豁免"行为来达成宏观意图、刺激技术进步等，能够被常规性豁免的主要集中在能够促进技术进步的限制性行为、有利于技术进步的纵向协议等，如中小企业垄断协议豁免。通常判定豁免的重要

---

① "豁免"和"适用除外"在法学意义上有严格区别，但实际应用基本概念等同。

特征是功能，即实施该行为的主体其目的与实施后果是否有损竞争与妨碍技术进步，而并不会针对主体的主权性质、市场地位、所在行业等。从这一角度而言，无论是豁免制度还是反垄断的规制对象，其均不依赖于企业是否属于非公司制企业、国有企业、社会团体、事业单位，甚至政府经济部门，也不依赖于企业是否受到特殊行业行政监管机构的监管，如金融、能源、供水、通信、交通和媒体等，反垄断法只对主体行为及其后果作出调查、处罚或豁免的判断。因此，反垄断不存在无法管辖或无法触及的领域，所有限制竞争与垄断的行为均受到反垄断法的规制，只是部分行为被处罚而部分行为被豁免。

6. 反垄断的经济观念：权威和公信力

美国、欧盟在经历了数十年甚至上百年的反垄断立法与执法实践，反垄断的经济观念已成为市场竞争的基本规范，反垄断相关的规则遵从已经得到广泛的认可并产生规则约束力，执法机构也逐渐具备了普遍的公信力。从反垄断观念上说，消费者保护协会、社会公共团体、媒体监督等形成的全方位监督，使得垄断行为越来越难以从经济观念上被接受，这种观念以非正式的方式与渠道鼓励企业竞争、反对限制竞争行为，不仅增加了自我约束机制，也提高了违背反垄断法的违法风险，管理者在追求企业业绩的同时不得不考虑企业获取业绩的"正当性"，形成了外在的声誉压力。

总而言之，无论是美国、英国还是欧盟体系，反垄断政策的基本目标是打击垄断行为、保护竞争环境、提升生产效率、增进消费者福利，这一系列目标的实现需要反垄断立法、司法、执法的共同努力，反垄断政策需要有一贯的法律原则、健全统一的执法机构、独立的正当程序、明确的适用对象才能够逐渐实现这一目标，而且反垄断经济观念的培育也对反垄断执法产生重要的影响。

3.2 我国反垄断政策的历史演进

反垄断政策和竞争行为相伴相生,随着市场经济的建立与发展,我国反垄断逐渐经历了萌芽、确立、发展的多个阶段,反垄断在规制限制竞争行为、确立市场竞争的主体地位方面起到了重要的作用。

3.2.1 计划经济时代无反垄断政策阶段(1949~1977年)

第二次世界大战以后我国经历了很长一段时间的经济复苏过程,应对极为紧缺的物质资料实行了计划经济体制以支持重建。所有物资、资源均为国家垄断的情况下,不存在基本的商品经济要素,也自然不存在反垄断的问题。此时的国家计划代替市场进行资源配置,商品交易被限制,虽然依赖于市场经济的反垄断政策未能出现,但这一阶段的行政权力在国营企业的延伸导致了改革开放后我国国有企业相当长一段时间内的政企不分、政资不分,这不仅造成了国有企业效率的低下、滋生腐败,也同样导致了脱胎于行政权力的行政垄断在市场经济中恣意生长。

3.2.2 反垄断政策萌芽阶段(1978~2007年)

改革开放逐渐解放了我国生产力,在物质资料开始逐渐丰富的过程中,企业作为市场经济主体,随着竞争的加剧,逐渐出现了不正当竞争或限制竞争等行为。此时部分的市场逐渐向充分竞争迈进,而同样也存在着大量的行政垄断与地方保护主义的现象,诸如地方政府施行地区封锁、市场分割、设置进入壁垒等。这些市场竞争障碍进一步打破了市场的统一与要素的自由流动,将对社会福利与企业效率提升产生负面影响,于是国家逐渐重视竞争政策对垄断行为的规制。这也成为了我国反垄断法立法的背景与基本需求。

在《反垄断法》正式颁布之前,我国的反垄断职能基本散见于不多的条文之中。早在1980年《国务院关于开展和保护社会主义竞争的暂行规定》对经济垄断与行政垄断进行了相应的界定,处于改革开放初期的竞争政策主要是为了促进市场培育,但对于我国涉及的垄断形式仍是有明确的现实认知的。1993年《反不正当竞争法》进一步规范了微观主体的竞争行为,为竞争具体的行为提供了相应的行动准则。其他的一系列零散的制度、规章还包含了串标、掠夺性定价、强制交易、维持转售价格等限制竞争行为的规制,但总的来说,"反垄断"的内涵、外延均没有得到合理的界定,反垄断主体、执行机构、实施规则等也同样没有得到逻辑一致且执行统一的规制,使得多监督主体、执法主体、适用规则林立,既提供了寻租空间又难以起到实质性的规制效果。

3.2.3 反垄断政策确立阶段(2008~2016年)

直至2008年被誉为"经济宪法"的《反垄断法》才得以正式实施。早在20世纪80年代末,反垄断法就已经处于起草阶段,而正式形成立法活动的则是在1994年,经历十余年的争论与努力,终于在2007年8月30日颁布了《中华人民共和国反垄断法》(以下简称《反垄断法》)并于2008年8月1日起开始实施,2008年8月起《反垄断法》执法系统、司法系统正式配合运行。至此,反垄断法获得了立法层面的最高待遇,对经济领域的限制竞争行为与垄断行为拥有统一的法律基础。

此后至今,所有追加设立的竞争政策均是对《反垄断法》在不同层面的补充与完善。2012年1月《最高人民法院关于审理因垄断行为引发的民事纠纷案件应用法律若干问题的规定》(以下简称《规定》)颁布,于2012年

6月实施,该《规定》是我国第一部反垄断审判领域的司法解释,其内容涵盖了起诉、案件受理、管辖、举证责任分配、诉讼证据、民事责任及诉讼时效等问题,并通过不以行政执法为前提、垄断民事纠纷案件集中管辖、区分垄断行为并适当减轻原告举证责任,为司法领域开辟了制度土壤。

3.2.4 反垄断政策深化阶段(2016年至今)

这一阶段虽然也是对《反垄断法》的深化补充,但这一阶段具有明显的倾向性特征,即是以深化治理行政垄断为标志的。2016年6月,国务院印发了《关于在市场体系建设中建立公平竞争审查制度的意见》(以下简称《意见》),在该制度运行3年有余的时间中,全国各省、市、县按《意见》要求清理现存的损害市场竞争的规章制度文件、审查政府新增制度文件是否有限制竞争的效果。根据国家市场监督管理总局副局长甘霖2019年4月在国务院政策例行会议上的发言:"截至2019年2月底,国务院各个部门、各省级政府、98%的市级政府、92%的县级政府,四级政府都已经开展了审查工作。其中,有18个省区市实现了省市县三级全覆盖。全国共审查了新出台的文件43万份,对其中2300多份文件进行了修改和完善;对82万份已经出台的文件进行了清理,废止或修订涉及地方保护、指定交易、市场壁垒的文件有2万多份,维护了市场公平竞争,营造了良好的市场环境"。可见,《意见》对行政垄断的源头与实施路径——地方规章与制度文件,进行了切实的清理,减少了地方政府设置壁垒与地方保护主义行为,彰显了我国治理行政垄断的信心与决心。

这一阶段也同样对1993年实施的《反不正当竞争法》进行了两次密集的修订,修订时间分别为2017年11月、2019年4月。两次修订转变了《反不正当竞争法》定位、更新了对商业秘密的保护与信息技术新环境下的不正当竞争行为识别,体现了公平的竞争观向效率创新的竞争观转变以及对国家知识价值营商环境的构建。可惜的是,《反不正当竞争法》仍未能明确其与《反垄断法》的相关概念边界与逻辑关系,多年前始终存在的法的冲突与管辖权的冲突仍未能得到明确与解决。

3.3 以《反垄断法》为核心的反垄断政策:内容与功能

我国《反垄断法》全文五十七条,内容涉及实体制度与程序制度,是实体与程序合二为一的法律。以《反垄断法》为核心出台的系列配套实施细则、法律法规等均被称为"反垄断政策",这些细则与法规涉及经营者集中申报制度、对于相关市场界定、司法解释等方面,已形成了完备的功能体系。就目前《反垄断法》所形成的规制体系,已经将美国和欧盟的反垄断经验收入其中,并进一步融合了中国的基本国情。

3.3.1 反垄断规制的目标与对象

《反垄断法》第一条指出,"为了预防和制止垄断行为,保护市场公平竞争,提高经济运行效率,维护消费者利益和社会公共利益,促进社会主义市场经济健康发展,制定本法",从实施目的的角度,明确了反垄断规制是为了竞争环境、经济效率与社会福祉。第二条指出,"中华人民共和国境内经济活动中的垄断行为,适用本法;中华人民共和国境外的垄断行为,对境内市场竞争产生排除、限制影响的,适用本法",明确了反垄断法所规制的对象是垄断行为,而并非是垄断地位。

3.3.2 反垄断规制的垄断形式

《反垄断法》列举了四种禁止的垄断类型,垄断协议(第十三~十六条)、滥用市场支配地位(第十七~十九条)、符合条件的经营者集中(第二十~三十一条)、行政性垄断(第三十二~三十七条)。从垄断的来源来看,这四种类型可以进一步归类为经济垄断和行政垄断,这是中国第一部明确对行政垄断提出规制的法律。

3.3.3 《反垄断法》中的豁免条款

《反垄断法》第四条"国家制定和实施与社会主义市场经济相适应的竞争规则,完善宏观调控,健全统一、开放、竞争、有序的市场体系"与第七条"国有经济占控制地位的关系国民经济命脉和国家安全的行业以及依法实行专营专卖的行业,国家对其经营者的合法经营活动予以保护,并对经营者的经营行为及其商品和服务的价格依法实施监管和调控,维护消费者利益,促进技术进步"实质上为"豁免条款"或"适用除外条款",为国家宏观调控政策、社会主义市场经济体制下的国有资本在市场经济中运营提供"保护盾牌"。虽然支持这种观点的学者认为这是对反垄断宗旨的摒弃,但是这两个条款本质上强调了特殊行业垄断地位的合法性,保障了特殊行业内企业的经济垄断地位,与国家战略相适应的同时也为竞争政策留下了空间。这一豁免并不与反垄断宗旨有实质性违背,因为反垄断法也并不规制垄断地位,只要出现豁免行为以外的限制竞争行为,依然受到反垄断法的规制。

3.3.4 反垄断法的执法体系

我国反垄断法执行体系是"司法执行+行政执法"的双元制执行结构。司法执行主要以民事诉讼为主,依据《民事诉讼法》《反垄断法》向法院提请仲裁与诉讼。而行政执法体系则是由政府作为行政执法主体进行调查、审查、处罚的系列过程。我国的行政执法体系分为两个层次,第一为国务院下设的反垄断委员会，其职责为拟定竞争政策、通过评估报告全方位指导反垄断工作；第二为反垄断执法部门，原分散自发改委、工商总局、商务部三个部门的反垄断职能，在 2018 年 3 月全部收归国家市场监督管理总局履行。

3.4 我国现存垄断形式分类及其反垄断

按《反垄断法》的经济实质分类，垄断行为可以分为经济垄断行为和行政垄断行为，由于反垄断法规制的对象是行为，而不对垄断地位及其地位的来源追究，因此，在法的适用问题上，并无法对来源于行政权力的经济垄断地位进行规制，产生了第三类垄断形式"行政性企业垄断"，之所以单列是因为这一分类是现存垄断形式中最普遍也最难抑制的。

3.4.1 经济垄断

无论是美国还是欧盟的反垄断规制，均是针对经济垄断展开。在竞争性领域，由于不存在或几乎不存在市场准入壁垒，民营经济在激烈的竞争角逐中获得了极大的发展，诸如国美、腾讯、百度、华为等均已成为知名企业与行业龙头，走出国门参与国际竞争。而诸多外资企业也通过产业链的转型与产业全球化布局，将工厂、分公司转移至我国以抢占国内市场，无论是国内的民营企业还是外资企业，均需要通过激烈的市场竞争以角逐市场的优势地位，均需要通过不断改进、提升自身的企业效率才能取得行业领先地位并获取超额利润。但是由于市场优势地位的企业更容易通过市场支配地位实施垄断行为，且企业间合并、联合等均可能是为了限制竞争而存在，将进一步导致企业效率的损失、社会福利的下降、技术进步的减缓，因此竞争政策的规制变得极为重要。从现实角度看，随着市场竞争范围的扩展与市场的逐渐成熟，竞争领域出现越来越多的垄断行为，伴之而生的亦是涌现了大量的反垄断执法与诉讼案例。反垄断与经济垄断相伴相生，自由竞争的存在是反垄断存在的基本基础与价值根基。

3.4.2 行政垄断

目前我国经济体正处于转型阶段，特别是在新中国成立以后，为了在全国范围内恢复生产力实行了计划经济体制，在转为市场经济体制之后，计划体制继续延伸产生了深远的影响，政府与市场的关系处理始终未能得到良好妥善的解决，政企不分、行政垄断也时有发生。改革开放以来，随着市场的开放与民营经济的发展，行政垄断与地方保护主义逐渐成为妨碍经济体转型与发展的障碍，学界甚至出现了"诸侯经济"的讨论。《反垄断法》的实施，直接将行政垄断作为反垄断规制的对象之一，将对这种垄断形式起到有效的抑制作用，以往无法可依的窘迫局面将不复存在，尤其是2016年《公平竞争审查制度》的实施，更是切断了行政垄断的实施源头，行政垄断将再难以利用规章制度实现对市场的限制与设置壁垒的功能。

3.4.3 行政性企业垄断

除了直接的垄断行为以外，我国经济中还存在第三种游离于《反垄断法》规制边缘的垄断形式，即"行政性企业垄断"，这种垄断主体并不必然实施垄断行为，但因其垄断地位源自行政权力或继承自计划经济时期的地位，导致垄断主体集合要素优势、政策优势、信贷优势于一身，无形中提高了对手的竞争成本，产生实质性的竞争损害。由于早期的计划经济的影响，使得非战略性控制的行业中也有一大批国有企业通过行政权力获得了市场中的垄断地位，其市场地位并非来源于创新与竞争，也因此被认为是"效率低下""妨碍竞争"的存在。虽然国有企业改革取得的成效是有目共睹的,但是国企与政府之间天然的血缘关系、"父爱主义"的存在必然导致国企改革无法完全肃清这类国有企业的垄断地位的影响。尤其是一些国家垄断的行业,甚至是具有一定竞争规模的领域,如铁路、邮政、民航、电信等,其垄断格局是计划时期行政权力的延伸,而当前的市场化改革也仅只是促使其形成了寡头垄断的格局。正如于良春教授在《反垄断与规制经济学学术研讨会》中发布的研究成果所述,目前垄断性行业中行政性企业垄断的强度保持在61%~87%的较高水平上,且具备明显的反竞争效应,将会导致经济行为的扭曲与资源配置效率的低下（张伟和付强,2013）。学者估计行政性企业垄断每年造成的效率损失约占GDP总额的3%~5%,且造成了垄断行业国有企业与竞争行业企业之间员工收入的巨大差异,收入差距的70%可以被行政性企业垄断所解释（张伟和付强,2013）。然而这一垄断形式不直接受到《反垄断法》的规制,从本质上而言,它应当是国有企业市场化改革的一环,国企占比高的国情决定这一问题所产生的影响不容忽视,这也是为什么相比西方国家（诸如美国）的行政性企业垄断问题并不突出的原因所在。解决这一垄断问题,已然不仅仅是反垄断的问题,而是涉及到国有企业分类改革、处理国有企业与民营企业关系、政府与市场关系的关键问题,显然,行政性企业垄断是我国反垄断所需要面对的最难啃的骨头。

3.5 我国反垄断实践的成效与现存的问题

3.5.1 我国反垄断实践的成效

我国《反垄断法》实施10余年来,在规范体系建设、垄断行为遏制、执法水平提升、竞争文化普及以及国际影响输出等方面均取得显著成效。

1. 《反垄断法》的规范体系基本完备

《反垄断法》作为我国竞争政策的根本大法，法条具有原则性特征，其执法与司法均需要其他配套规范的支撑和支持，我国反垄断规范体系已初具规模且基本完备。《反垄断法》实施之后，2009年发布了《国务院反垄断委员会关于相关市场界定的指南》、2012年发布了《关于审理因垄断行为引发的民事纠纷案件应用法律若干问题的规定》、2016年发布了《关于在市场体系建设中建立公平竞争审查制度的意见》，一系列的配套规范涉及反垄断执法体系、司法规则、行政垄断规范，加上限制不正当竞争行为的法规等已全方位覆盖反垄断政策的立法、司法与执法过程。

2. 垄断行为的预防与制止效果明显

截至2020年初，反垄断执法机构调查和处理了大量案件，既涉及行政执法案件也涉及司法诉讼案件。所调查与处理的对象既包含民营企业又有国有企业，既有境内企业也有境外企业，其中不乏高通案、利乐案等大案要案。反垄断对于垄断行为的预防和制止起到了显著成效，不仅仅表现在2016年展开对行政垄断的查处力度，更是表现在通过反垄断政策来助推垄断行业的改革，这一方面的典型案例就是2011年中国联通与中国电信的宽带接入市场价格歧视案，电信行业的反垄断不仅印证了大型国有企业的垄断行为仍会成为反垄断的规制对象，而且这一反垄断案件也助推了"提速降费"的进程。

3. 《反垄断法》实施水平明显提升

反垄断法的实施涉及诸多专业的概念界定与专业的证据收集程序，这一系列复杂且严谨的活动都对反垄断执法提出了更高的要求。我国在反垄断调查过程中吸取国家经验并不断探索，如在利乐案中运用经济模型对忠诚折扣行为进行了限制竞争效果分析；对 PVC 价格垄断案中认定了微信为载体的证据。这一系列的案件均表明我国在反垄断执法过程中的实践水平正在不断地提高，创新性的定量分析与取证方式将极大地改变反垄断执法形式、提升执法效率。

4. 竞争文化得到很好普及

《反垄断法》所营造的竞争文化是市场经济所必须的，正如美国与欧盟的反垄断实践，垄断行为与限制竞争行为在市场经济环境中被认为是"不可接受"的，文化可以通过自身的道德约束发挥对竞争行为的改变，诸多垄断行为在实施之前便已被消灭殆尽，与此同时，竞争文化或竞争观念的形成将强化执法机构的权威性与正义性，为彻底推行公平竞争提供威慑力。我国经济属于转型经济体，诸多经济要素均脱胎于计划时代，因而文化观念也缺少自由竞争的传统，在《反垄断法》实施之前存在的"正当竞争"观念不足，反垄断也多遭遇阻力。随着《反垄断法》的施行与执法力度的加强，竞争文化得到空前普及，反垄断的社会认知普遍增强，合法竞争、规避垄断行为的观念逐渐深入人心，人们的认知也趋于理性。

5.《反垄断法》的国际影响力日益增强

《反垄断法》的实施与后续反垄断政策的推行，尤其是中国企业参与国际竞争时中国与国际竞争规则的协调与调整，促进了国内竞争政策与国际竞争规则的衔接与融合。中国目前已在"中国—瑞士"等 8 个自贸协定中设立竞争专章，与 28 国或地区签订反垄断合作文件，我国反垄断的国际影响力日益增强，目前已与美国、欧盟并列为全球三大反垄断法司法辖区。

3.5.2 我国反垄断实践现存的问题

1. 反垄断对部分"行政性企业垄断"的豁免

《反垄断法》的豁免条款（第四条、第七条）为国家宏观调控政策、社会主义市场经济体制下的国有资本在市场经济中运营提供了"制度留白"，往往民营企业普遍性地被纳入到反垄断规制范围之中，而部分国有企业垄断行业、国有企业特定垄断行为会得到豁免。正如前文所述，从豁免条款的设置初衷来看，反垄断所规制的是垄断行为而非垄断地位，豁免之外的行为仍是反垄断的规制对象，然而，正如诸多学者所担忧的，豁免本身造就了企业之间的非公平市场地位。具体而言，国有企业因其特殊的产权性质、经济地位与承担的国家任务等，往往成为"实质性豁免"的对象，不论国有企业垄断地位的来源，只要国有企业不出现限制竞争的垄断行为，甚至出现垄断行为而处在豁免行业或豁免行为清单之中，则不会受到《反垄断法》规制与处罚。虽然豁免制度提供了执法补救的法律依据，但是在国有企业体量巨大的我国，反垄断豁免会导致国有企业通过"行政性企业垄断"盘踞关键的生产要素与国家资源，间接损害产业乃至经济发展中的正常竞争。豁免制度也同样是导致反垄断执法倾向性的制度性根源。

2.《反垄断法》与行业监管立法的冲突

除了因豁免制度带来的执法不确定性之外，"行政性企业垄断"往往存在既有的行业监管法律，这种法律冲突同样造成了反垄断在某些行业执法的空白区。正如 2012 年最终终止调查的"电信联通案"，中国电信和中国联通面对有竞争关系和无竞争关系的宽带接入商实施不同的价格，从反垄断视角来看是实施了价格歧视与价格挤压的反竞争行为，而两家单位所制定的价格又是依据工信部《互联网交换中心网间结算办法》而来。法律冲突直接导致执法部门以接受两家单位"承诺整改"的方式终止调查。无独有偶，银行业是属于受严格监管且具备高准入壁垒的行业，受银监会（现为银保监会）直接监督，由于银行业特殊的行业性质与繁杂的管理规章，反垄断执法至今未能在银行业得以实践，但损害消费者利益（如银行业诸多的霸王条款）、设置限制业内竞争的条款（如外资准入壁垒、区域性分支机构壁垒）等事实均存在，却未能通过《反垄断法》规制，而是直接由银保监会以行政命令或行政规章的方式进行管理与处罚。

3. 反垄断执行的倾向性

《反垄断法》的执行可以动用公共资源和私人资源，形成委托公共利益代表的反垄断执法机构进行行政执法的公共执行机制与由自然人、法人、其他市场主体因受竞争限制行为侵害为由向法院提请反垄断纠纷民事诉讼的司法执行机制，公共执行机制与司法执行机制共同构成了我国反垄断"行政执法与司法诉讼的双轨制"执行体系，《反垄断法》第五十条明确提供了反垄断法执行的基本依据。

根据本书对垄断类型的分类，垄断可以分为经济垄断、行政垄断、行政性企业垄断，但是事实上反垄断在行政执法或司法执行时存在着难以避免的产权倾向性和行业倾向性，即反垄断执行倾向于普遍参与竞争的私营企业，或竞争程度较高的下游行业，由于存在豁免条款、行业监管阻力等，反垄断执行往往难以甚至无法涉足国有企业或垄断行业聚集的产业上游，导致反垄断的竞争保护效应、竞争促进效应发挥的功能在区域上受限，客观上形成了反垄断的执行倾向性问题。

具体而言，反垄断执行倾向性分为行政执法倾向性和司法执行倾向性，分别代表行政主体做出的调查与处罚案件以及司法机关做出的判决。为了展示执行倾向性问题，本书参照已有的研究报告，如林文和甘蜜自2015年开

第3章 我国反垄断政策的制度背景分析

始发布的《中国反垄断行政执法大数据分析报告》（包含 2008~2015 年、2016 年、2017 年、2018 年四个年度版本）、杜爱武 2018 年发布的《中国反垄断诉讼案件数据分析和案例评析报告（2016—2017）》，并遵照上述两个领域的数据收集方法进行手工收集数据，并以此数据为基础分析反垄断执行的倾向性现象。需要注意的是，反垄断执行无论是行政执法还是司法执行，均从 2008 年 8 月 1 日《反垄断法》正式提供执行基础开始，早于此日期的零散执行行为均被忽略不计。

（1）行政执法倾向性。

截至 2019 年 4 月 26 日，本书共手工收集到 162 份公开的反垄断执法公告，按结案年度进行统计，每年的案件结案数量如图 3.1 所示：

图 3.1　2008~2018 年反垄断行政执法案件结案数量统计

如图 3.1 所示，反垄断行政执法案件每年的结案数量基本处在逐步上升的过程，2008 年为我国《反垄断法》颁布的元年，因此 2008~2009 年反垄断行政执法案件的数量为零，2013~2016 年结案数量维持在每年 24 件左右，2018 年达到峰值，2018 年由于三大执法机构合并为市场监督总局，执法集中程度上升，执法力度空前加强。

行政执法案件的行业分布如图3.2所示。总计162个案件分布在不同行业，前5个行业分别是批发和零售业，金融业，交通运输、仓储和邮政业，信息传输、软件和信息技术服务业，电力、热力、燃气及水生产和供应业，占据了近80%的比例。

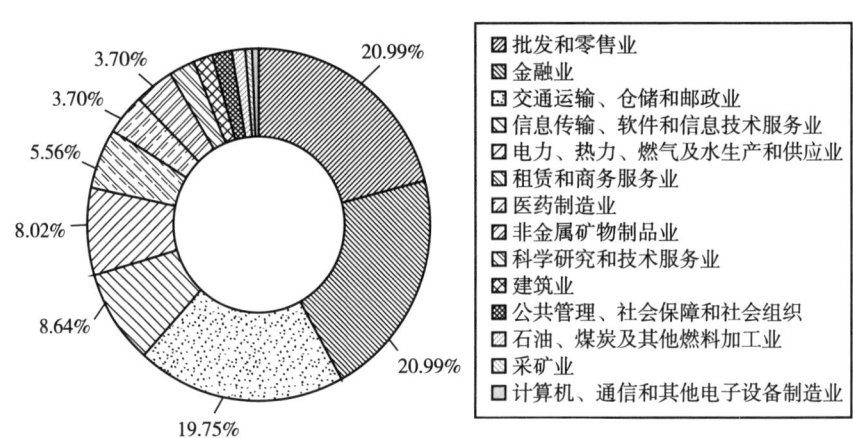

图3.2 2008~2018年反垄断行政执法案件行业分布

为了查看这些行业在产业链中的地位，本书使用了安特拉斯等（Antràs et al.，2012）的上游度指数来判别企业的产业链地位（剔除金融业）。行政执法案件的企业供应链位置分布如图3.3所示。在剥离了金融业的总计128个案件中，79个案件涉及下游行业，占61.72%，近三分之二，49个案件涉及上游行业，占38.28%。事实上，2008~2015年，反垄断涉及下游行业占比可达65.9%，在林文和甘蜜（2016）的报告《中国反垄断行政执法大数据分析报告2008—2015》中，剥离金融业的下游企业占比高达80%[①]。

---

① 数据差异来源于手工收集样本差异与涉及行业的判断差异。

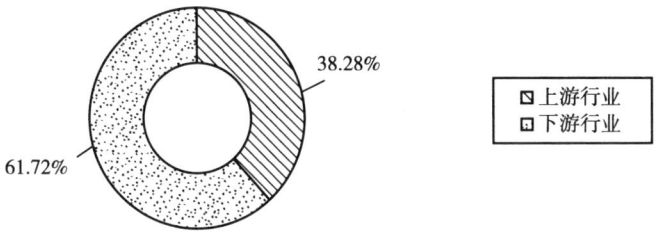

图 3.3　2008～2018 年反垄断行政执法案件供应链位置分布

图 3.4 展示了涉案主体的产权性质分布，相比国有企业，民营企业以压倒性数量 128 件超越国有企业的 20 件，民营企业涉案占比近 80%。

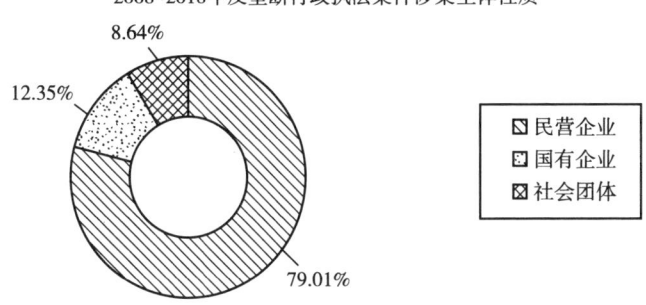

图 3.4　2008～2018 年反垄断行政执法案件涉案主体性质分布

资料来源：手工整理。

可见，无论是从行业分布还是产权性质，反垄断行政执法存在明显的倾向性，下游行业企业和民营企业是反垄断执法的主战场。

（2）司法执行倾向性。

截至 2020 年 2 月 1 日，本书从《裁判文书网》以"垄断纠纷"分类为查询要件搜索到共计 448 份公开、且不重复的反垄断涉诉案件，剔除 7 份公开案号但不公开内容的案件剩余 441 个有信息案件。按结案年度进行统计，每年的案件结案数量如图3.5所示。

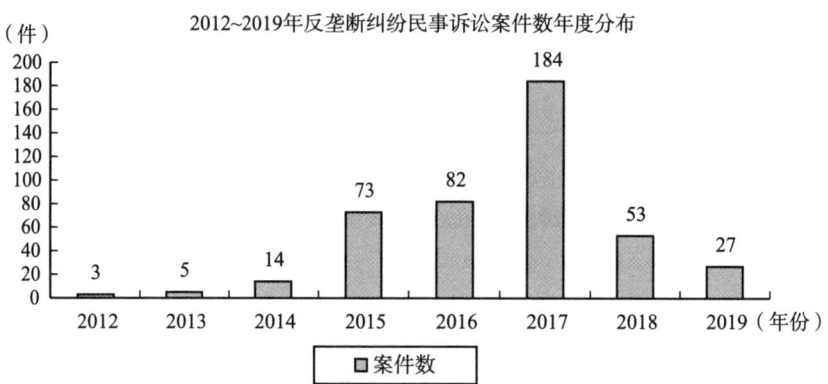

图 3.5　2012～2019 年反垄断司法执行案件数年度分布

资料来源：裁判文书网检索及手工整理。

图 3.5 显示，2012～2019 年垄断纠纷民事诉讼案件呈现先攀升后下降的趋势，自 2015 年起连年跳跃性攀升，至 2017 达到峰值，随后逐年呈现下降趋势。可见反垄断司法信心的增长与司法环境的改善。

垄断纠纷民事诉讼案件所在行业分布如图 3.6 所示，总计 441 个案件分布在不同行业，占比最高的前五个行业是：信息传输、软件和信息技术服务业，涉案 336 件，占比 76.19%；批发和零售业，涉案 35 件，占比 7.94%；非金属矿物制品业，涉案 14 件，占比 3.17%；计算机、通信和其他电子设备制造，涉案 11 件，占比 2.49%；交通运输、仓储和邮政业，涉案 10 件，占比 2.27%。前五个行业总计占比 92.06%。

垄断纠纷民事诉讼案件所在产业链位置分布如图 3.7 所示。与前文一致，本书使用安特拉斯等（Antràs et al., 2012）的上游度指数来判别产业链地位。考虑到金融行业的特殊性，本书剔除了金融行业以查看行业上下游的分布情况。

第 3 章 我国反垄断政策的制度背景分析

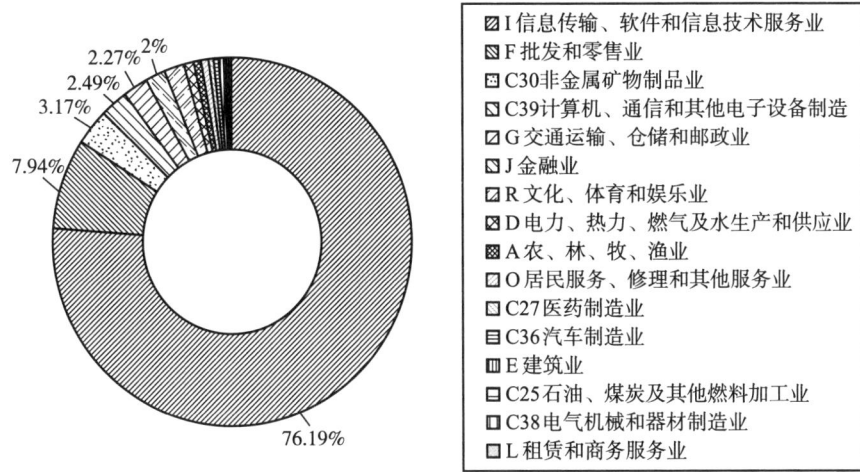

图 3.6 2012～2019 年垄断纠纷民事诉讼案件所在行业分布

图 3.7 数据显示，下游行业占比 95%，而上游行业仅有 5%，下游行业与上游行业差距悬殊。从这一结果可知，反垄断民事诉讼主要集中于相对充分竞争的下游行业。

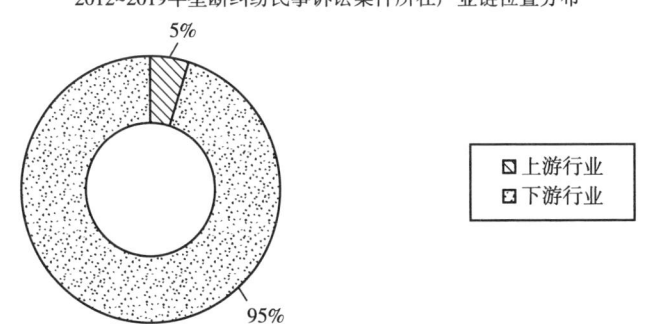

图 3.7 2012～2019 年垄断纠纷民事诉讼案件所在产业链位置分布

垄断纠纷民事诉讼案件涉诉主体性质分布如图 3.8 所示，2012～2019 年垄断纠纷民事诉讼案件涉诉主体主要以国有企业、民营企业为主，事业单位、社会团体、自然人等涉诉约5%。

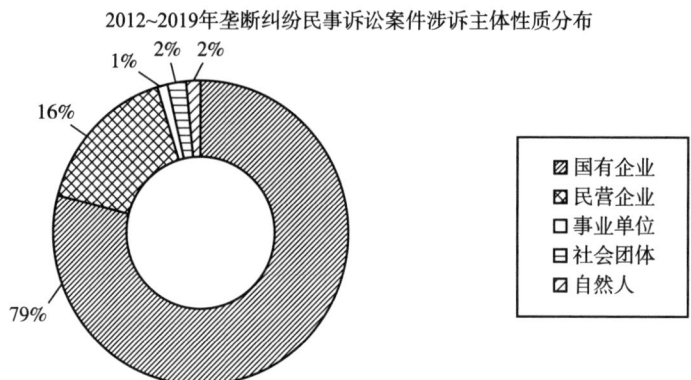

图 3.8　2012～2019 年垄断纠纷民事诉讼案件涉诉主体性质分布

图 3.8 数据显示，国有企业占比 79%，相比之下民营企业则少得多，仅为 16%。在国有企业涉诉的 348 件中，滥用市场支配地位纠纷占到 88%，可见国有企业的市场垄断地位（即行政性企业垄断）已对其他竞争者造成极为不利的影响。根据杜爱武和陈云开（2018）发布的《中国反垄断诉讼案件数据分析和案例评析报告 2016—2017》的数据补充，他们发现，反垄断司法执行的胜诉概率仅有 0.62%，驳回起诉、驳回诉讼请求、撤诉与其他的概率居然高达 99.38%，其所调查的 162 个案件中，仅有 1 个案件胜诉。从这一系列的数据中可以得出结论，《反垄断法》及其司法解释虽然提供了立法与司法支持，但撼动行政性企业垄断仍显力不从心。

综上所述，无论是反垄断行政执法还是司法执行，反垄断执行的区域均集中在下游行业，由于我国上游普遍垄断而下游相对竞争的格局，反垄断呈现出执行倾向性。与此同时，行政执法同样集中于普遍参与竞争的民营企业而忽视国有企业，在司法执行上国有企业涉诉案件众多，说明某些国有企业参与竞争已然是对竞争的损害，绝少胜诉的司法执行结果也说明了司法执行难以真正撼动国有企业参与市场竞争的行政势力格局。

3.6 反垄断法的竞争法系地位及其经济意义

我国早在1993年就通过并施行了《反不正当竞争法》,其司法实践的开展也先于《反垄断法》约15年,同样归属于市场规制的竞争法系,《反垄断法》相比《反不正当竞争法》的差异在何处?缘何《反垄断法》会被称为"经济宪法"?《反垄断法》对经济发展的意义是什么?

3.6.1 《反垄断法》与《反不正当竞争法》的内涵厘定

规范垄断行为的《反垄断法》与规范不正当竞争行为的《反不正当竞争法》虽均属竞争法,但其维护的权利却有所差异,前者属于自由竞争法,规制少数经营者单方面决定交易价格、对竞争对手盘剥或排挤,垄断行为是竞争不足的表现,维护的是自由竞争权利;后者属于公平竞争法,同质从业者众多导致部分经营者采取道德低下的竞争手段,这些行为是竞争过度的表现,维护的是公平竞争权利,防止逆向淘汰(李胜利,2019)。因此,不正当竞争行为是对自由竞争权力的滥用,而垄断行为则是对他人自由竞争权利的实质性剥夺,两者均会损害消费者利益,但两者规制的内容与对象却不同。

从更为深层次的法学理念出发,《反垄断法》与《反不正当竞争法》实现"竞争公平"的基本理念有重大区别。反垄断的理念建立于反对"市场主体通过其经济力量扭曲市场过程",垄断地位并不必然意味着垄断行为的产生,但当市场主体以其定价权限制竞争对手发展、提高竞争对手进入门槛时,竞争对手或潜在竞争对手的平等竞争资格被剥夺,此时市场过程被垄断主体所左右,市场资源向垄断主体集中,市场资源的配置方式从"配置给最有效率的主体"的效率导向转变为"配置给最有市场地位的主体"的权力导向，造成整个市场过程扭曲与资源配置的无效，最终以消费者利益受损或社会福祉受损为代价由整个社会承担，反垄断将逆化垄断行为带来的转变过程，将市场的资源配置方式固定在"效率导向"。而反不正当竞争更为关注经营者手段是否符合商业道德或善良风俗，是局部的市场失灵现象，不正当竞争行为无法主导整个市场过程，不仅容易识别，通常也具有较高的违规成本。

因此，《反垄断法》和《反不正当竞争法》从立法理念、规制内容上均存在一定的差异，《反垄断法》被称为"经济宪法"也同样是因为它承载了"维护公平竞争权利"的职能，这一职能作用于市场每一个主体，乃至影响整个资源配置进程，是发挥市场的资源基础配置功能的"守夜人"。

3.6.2 《反垄断法》实施的经济意义

从资源配置理论出发，反垄断是通过阻止资源向权力主体异常集中的方式保护市场公平竞争权利，《反垄断法》作为维护市场竞争秩序的基本制度，为保证社会主义市场经济主体地位、发挥市场资源基础配置功能起到举足轻重的作用。

1. 《反垄断法》与消费者福利

古典经济学理论已对垄断行为进行过非常充分的讨论，垄断会对消费者福利带来损害几乎已经达成共识，而反垄断对消费者福利或社会福利所起到的作用则是通过《反垄断法》保护市场竞争，保障公平竞争权利。实行市场经济的国家经验表明，市场竞争压力能够促进企业降低成本、改善产品质量，以通过满足甚至挖掘消费者需求来获取市场利润，在降低成本与改进产品的过程中，开发新技术、新产品、新工艺变得不可或缺。

竞争往往给市场带来"优胜劣汰"的结局，生存威胁迫使每一个企业内部提升管理效率、提高产品品质、满足顾客需求，迫使整个市场提高市场效率，最终提升消费者的社会福利。实质上，这一个过程是企业为适应生存发展而对资源、技术等生产要素进行优化配置的过程，也是将广义的生产资料与生产力进行最优匹配的过程。

2.《反垄断法》与经济民主

中国特色的社会主义市场经济体制，改变了原有计划经济体制下生产要素依赖配给流动的格局，通过发挥市场对资源的基础配置作用为消费者带来大量的社会福利。由于信息不对称与交易成本的存在，越是不成熟、不完善的市场，越容易出现市场失灵现象，部分企业会谋求垄断地位并实施垄断行为，以规避竞争压力、逃避风险。垄断地位的来源既有可能是技术领先，也有可能是行政权力，预防与制止垄断行为的产生也显得愈发重要与迫切。

经济民主是市场主体平等、自由地参与市场竞争的基本权利，是政府对行政权力与企业自主经营权边界的合理划定的结果，当前政府既当"运动员"又当"裁判员"的局面本质上源于政企不分，《反垄断法》步步推进、逐渐触及行政性企业垄断类型、保障市场主体的交易条件平等、赋予主体平等追求经济利益的机会，是实现并保障经济民主的必经之路。

3.《反垄断法》与社会公平

垄断行为本质上是改变了市场中资源流动方式与方向，资源被权力引导集中于权力拥有者。事实上，除了经济垄断行为的经济定价权以外，行政垄断的行政定价权是我国目前所面临的严峻考验。市场资源向行政定价权力主体集中，造成了我国不同行业利润率千差万别，不同行业的员工收入存在巨大差异，破坏社会公平的同时，也导致优质人力资本向权力主体流动，人力资源并未得到最优配置。打破行业垄断成为当前经济体制改革重要的方面，维护社会公平必须要强化反垄断对行政性企业垄断、行政垄断行为的规制。

3.7 本章小结

本章回顾了中西方反垄断政策的历史演进、总结了《反垄断法》的核心内容,并从现实角度对现存的垄断类型进行了再分类,对当前的反垄断的行政执法与司法执行的格局进行了全方位的分析,并对反垄断的经济意义进行了讨论。《反垄断法》及其政策施行的效果如何取决于立法、司法、行政执法多个环节的配合与应用,目前反垄断在竞争性领域已有显著的成效,但客观上也存在着执法倾向性与"行政性企业垄断"难以触及的问题,反垄断的竞争效应与倾向性执法将导致更深层次的市场格局的变化与企业微观行为的转变。

第4章
要素市场：反垄断、要素价格扭曲与企业增长模式转变

4.1 引言

中国经济转入高质量发展的关键是提高企业全要素生产率。全要素生产率较低主要是由于要素市场发展落后于产品市场发展所致（张杰等，2011a；张杰等，2011b）。落后的要素市场将扭曲要素价格并且降低要素配置效率，进而影响企业的进入退出行为，导致企业效率损失（Restuccia and Rogerson，2008；盖庆恩等，2015）。尤其是中国市场的要素价格一直存在严重的负向扭曲现象，意味着价格供需非市场化，而增强市场竞争有助于缓解要素市场扭曲。已有研究表明贸易自由化和外资进入所引起的市场竞争程度提高会对要素市场扭曲具有一定的矫正作用，从而显著地提高企业生产效率（才国伟和杨豪，2019）。作为重要的竞争政策，中国2008年颁布的《反垄断法》旨在改善市场竞争环境。《反垄断法》是否会在要素市场发挥作用？是否会

对要素价格扭曲产生治理效果？以及这种治理效果是如何影响企业微观行为的？本章试图从要素价格扭曲视角来检验《反垄断法》对资源配置效率的影响，希望为我国构建法制化的资本市场提供一些参考。

4.2 制度背景和理论假设

古典经济理论把劳动和资本看作是市场主体最为重要的两项基本生产要素。而劳动力和资本错配问题一直是重要的研究话题（Dollar and Wei，2007；杨志才和柏培文，2017）。我国要素价格呈显著负向扭曲，中国的劳动力和资本市场均存在资源错配现象（张曙光和程炼，2010；戴魁早和刘友金，2016；白俊红和卞元超，2016），而对要素价格扭曲的矫正将对企业生产效率产生极大的促进作用（才国伟和杨豪，2019）。《反垄断法》作为我国最基本、最重要的竞争法案，其主旨是营造公平竞争的市场环境、改善市场与市场主体对资源的配置效率。

作为规制型制度的《反垄断法》（Scott，2013），通过两个路径对市场结构和市场环境产生影响：一方面通过规制行政垄断行为影响市场进入退出壁垒与要素区际流动；另一方面通过规制经济垄断行为加重了违法违规的制度成本。同时，《反垄断法》配套的"垄断民事纠纷案件司法解释"为民事反垄断提供了司法便利，减轻了原告的举证责任，赋予了市场弱势企业维护自身权益、保护公平竞争地位的法律途径与实现方式（叶卫平，2016；叶卫平，2017）。《反垄断法》的实施创造了更加公平竞争的营商环境，并对市场弱势企业的环境改善效果更明显，进而影响企业决策（Chandler，1962；Learned et al.，1965；Meyer and Rowan，1977；蔡宁等，2017）。

第4章 要素市场：反垄断、要素价格扭曲与企业增长模式转变

4.2.1 《反垄断法》与企业营商环境改善

制度环境在市场化进程中对经济转型和经济增长起到重要作用（Peng and Heath，1996；Henisz，2000；李新春和肖宵，2017）。在新兴经济制度环境下，组织和个体被内嵌于制度安排中服从制度安排（Busenitz et al.，2000；Newman，2000）。制度为组织和个体行为提供指导和约束规范，促使企业在相对不完善的制度环境中做出合规行为（李自杰等，2011），影响企业决策（Peng et al.，2008）。《反垄断法》属于规制型制度，能够用于保证社会秩序稳定，保持经济的平稳运行与健康发展，且与企业微观行为存在密切关系（La Porta et al.，1998；Scott，2007）。

作为重要的竞争政策，《反垄断法》于2008年8月1日起开始正式实施，逐渐成为改善市场竞争环境、促进要素市场发展的重要举措。竞争政策旨在预防和制止垄断行为，保护市场公平竞争，提高经济运行效率，维护消费者利益和社会公共利益，促进社会主义市场经济健康发展。2015年，为了进一步完善竞争政策，中共中央和国务院印发了《关于推进价格机制改革的若干意见》，明确提出了在全面推进价格改革的同时，要坚持放管结合，加强市场价格监管和反垄断执法，实施公平竞争审查制度，逐步确立竞争政策的基础性地位。为进一步提高《反垄断法》的执行效率，2018年，国家市场监督管理总局正式挂牌，其主要职责包含负责反垄断统一执法等内容，标志着中国反垄断执法体系正在发生重大调整和转变。

《反垄断法》的实施总体上创造了更加公平竞争的营商环境。世界银行将营商环境的分项指标划定为开办企业、办理施工许可、获得电力、登记财产、获得信贷、保护少数投资者、纳税、跨国贸易、执行合同、办理破产，共计10个项目，分别涉及进入与退出门槛、要素市场环境、税收环境、法治环境、投资者保护等。夏后学等（2019）进一步将营商环境的内涵归纳

为简化行政审批、放宽市场准入、降低制度成本、强化监督检查等几个方面。《反垄断法》及其配套政策的出台深刻地影响了上述营商环境的构成要素。

首先,《反垄断法》影响了市场进入门槛和要素区际流动。《反垄断法》将行政垄断纳入到规制范围中,尤其是明确划定了利用行政权力授予的特殊行政许可、歧视性行政收费价格、妨碍商品的地区间流动等阻碍商品和要素流动、设置进入门槛的行为是该法规制的范围。通过识别与规制地方政府过度行政干预行为,《反垄断法》为破除行政垄断壁垒、废除反竞争地方规章奠定了基础。随着《反垄断法》的实施,企业将会随着政府行政垄断的抑制减少非生产性寻利活动,减少因获取生产许可、业务授权所投入的企业资源,并能够在更广阔的市场空间中开展竞争(Williams et al., 2016)。

其次,《反垄断法》通过规制经济垄断行为营造更好的竞争环境与法治环境。《反垄断法》将经济垄断行为划分为垄断协议、滥用市场支配地位、排除或限制竞争的经营者集中三种。当经济主体出现上述经济垄断行为时,反垄断执法机构将对其进行垄断调查。对于已实施垄断行为却未停止违法行为的予以罚款、撤销登记等处罚;对于已实施但限期内已消除影响的可终止反垄断调查。因此,企业采取垄断行为的机会得到抑制。法律带来的制度约束将进一步加深垄断行为实施的机会成本,为市场有序公平竞争提供更好的制度环境与法治基础。

同时,相比市场强势企业,市场弱势企业受到《反垄断法》的影响更大。《反垄断法》配套的"垄断民事纠纷案件司法解释"为民事反垄断提供了司法便利。《最高人民法院关于审理因垄断行为引发的民事纠纷案件应用法律若干问题的规定》中明确指出,法院可以通过直接认定独占经营者具有"支配地位"(第九条)、被告行为属于垄断协议行为(第七条)、以被告对外发布信息作为市场支配地位的依据(第十条)等,均以不同的形式减轻了原告的举证责任。而且,市场弱势企业在《反垄断法》实施前的资源获取和

第4章 要素市场：反垄断、要素价格扭曲与企业增长模式转变

销售渠道等限制被削弱，寻租成本和诉讼成本的降低幅度更大。因此，《反垄断法》赋予了市场弱势企业维护自身权益、保护公平竞争地位的法律途径与实现方式。

综上，《反垄断法》及其配套制度，通过影响市场进入和市场退出壁垒直接影响市场结构，通过规制行政垄断行为和经济垄断行为改善企业面临的营商环境。

4.2.2 营商环境改善与要素价格扭曲程度缓解

营商环境与公司生产经营活动息息相关，影响企业决策，并对资源配置效率产生重大影响（Chan and Makino，2007；Demirbag et al.，2008；Peng et al.，2008）。根据要素禀赋理论，市场竞争程度的提高要求企业整合资源，加强创造力和灵活度，以便快速适应高度竞争状态和不断变化的竞争规则（Biedenbach and Söderholm，2008）。因为行业竞争程度的提高会加剧具有相似渠道、顾客和供应商组织的长期竞争压力和破产威胁，导致组织需要寻求长期解决方法（贺小刚等，2017）。社会、经济或技术等方面发生的变革打破了市场平衡，企业会进行及时的战略调整。有效的公司战略调整应该基于或者趋向于企业的竞争优势和核心竞争力，其依赖企业所拥有的要素资源特质（Barney，1991；Griffith and Harvey，2001）、使用要素资源的方式以及是否能够进行产品创新（陈传明，2002）。竞争环境越激烈，市场弱势企业被挤出市场的可能性会加大，经营的压力会大幅度增加。市场弱势企业不得不深度挖掘自身特殊生产要素，对生产要素进行重新优化组合，提高资源配置效率。

在竞争更加公平的营商环境条件下，管理层既面临机会也面临威胁。一方面，市场强势企业的垄断行为被规制，其垄断地位所享有的垄断权力被限制。同时，市场弱势企业可以获得额外的资源，放宽限制也为市场弱势企

参与竞争提供了机会。面对不确定性，企业管理层的管理能力和水平在经营上体现得更加明显。另一方面，市场进入壁垒降低，有助于其他企业进入市场，分割企业现有的市场份额，减少公司的收益，增加未来现金流风险（Gaspar and Massa，2006；Irvine and Pontiff，2009），对企业业绩造成负面冲击。管理层能力差异逐渐反映到企业经营效果上，能力差的管理层将更大程度地面临被替代的风险和压力，也面临着声誉和收益受损的威胁。根据阿尔钦（Alchian，1950），市场竞争带来的外部环境压力将在约束和激励管理层方面产生积极的作用，提高管理层的努力工作程度（Defond and Park，1999），限制管理层权力寻租（Giroud and Mueller，2011），增加了管理层的投资灵活性（陈信元等，2013）。因此，市场公平竞争程度的提高将促使管理层保持对企业经营机会和威胁的敏感性，降低机会主义（Schmidt，1997）。管理层不断提高企业资源配置效率，改善公司经营状况并提高经营成果，从而为股东创造更多财富。

综上所述，《反垄断法》会加速要素价格的市场化进程，对市场弱势企业的资源配置效率产生影响，即显著降低市场弱势企业的要素价格扭曲程度。

假设 H1：《反垄断法》实施后，市场弱势企业的要素价格扭曲程度减缓更加显著。

4.3 研究设计

4.3.1 样本选取

本研究所使用的数据均来自于国泰安（CSMAR）数据库、万得

第4章 要素市场：反垄断、要素价格扭曲与企业增长模式转变

（WIND）数据库、锐思（RESSET）数据库。具体而言，利息支出数据来源于锐思数据库、宏观层面数据来源于万得数据库，其余上市公司层面的数据均来自于国泰安数据库。

本书选取2003~2018年A股制造业上市公司，剔除回归变量部分缺失的观测，共计得到11023个观测，DID模型分组后且无缺失的观测数量为6206个，进行PSM后无缺失观测的数量为4826个。实际回归时观测变动与因变量取 $t+1$ 期造成的样本缺失有关。为减轻异常值的影响，本书针对所有连续变量均采取了1%和99%百分位的缩尾处理。

4.3.2 模型设定

结合本研究话题的具体研究情境，我们构建模型（1）以验证本书核心假设。本书模型的设定逻辑分为三个步骤：第一，《反垄断法》颁布于2008年8月1日，考虑到出台事件为下半年，且实施布局往往有滞后性，本书将冲击分界设定为2008年末，即2009年及之后为事件后年度，2008年及之前为事件前年度；第二，《反垄断法》及其相关政策对营商环境的优化将更有利于市场弱势企业成长，反垄断政策实施将限制市场强势企业采取垄断行为并赋予市场弱势企业自我保护的法定权利与行权通道。因此，本书以冲击前2007~2008年两年平均垄断势力的中位数为界将样本区分为市场强势组公司和市场弱势组公司，并以公司为对象跟踪其后续要素投入与使用表现；第三，为了削弱因分组带来组间公司特征与地区特征的系统性差异，本书以公司、地区特征变量为匹配变量进行了PSM匹配，在此配对样本上进行DID模型的应用。

$$Distortion_{t+1}(distortion_{t+1} or\ disL_{t+1} or\ disK_{t+1}) = \beta_0 + \beta_1 treat_t + \beta_2 treat_t \times post_t + \beta controls_t + \sum Industry + \sum year + \varepsilon_t$$

（公式4.1）

公式 4.1 中，被解释变量 $Distortion_{t+1}$ 代表未来一期的要素价格扭曲程度，分别以总扭曲（$distortion$）、劳动要素扭曲（$disL$）、资本要素扭曲（$disK$）来度量；解释变量 $treat_t$ 为 2007~2008 年平均垄断势力（$monopower$）按中位数获取分组，并以公司为对象取样本期内的公司观测形成研究样本，在此基础上以公司特征、地区特征控制变量为匹配变量进行 PSM 后，获得匹配后的分组变量 $treat$：当 $treat = 1$ 时，代表市场弱势企业；当 $treat = 0$ 时，代表市场强势企业；$post_t$ 为《反垄断法》实施的时间变量：当 $post = 1$ 时，为 2009 年及之后；当 $post = 0$ 时，为 2008 年及之前；$treat_t \times post_t$ 为交乘项，是本书核心关注的变量，其反映了《反垄断法》实施对企业层面要素扭曲带来的影响。

$Controls$ 为一组控制变量，包含公司层面控制变量与地区层面控制变量。公司层面控制变量包括：资产总额的自然对数 $size$、负债总额占资产总额的比例 lev、净利润占总资产的比例 roa、固定资产占总资产的比例 ppe、净资产占企业流通市值的比例 bm、经营性现金净流量占总资产的比例 $oncf$、产权性质 soe（国有企业赋值 1，否则赋值 0）、第一大股东持股比例 $tophold$、企业上市天数除以 365 加 1 的自然对数 age、企业获取的政府补贴除以总资产的比例 $subsidy$；地区层面控制变量包括，地区国内生产总值增速 gdp_g，地区人均国内生产总值 gdp_p，地区第二产业国内生产总值 gdp_s。此外，模型还控制了年度固定效应 $Year$ 和行业固定效应 $Industry$，并按公司层面进行了聚类，ε_t 为模型残差。

4.3.3 核心变量设定

1. 要素价格扭曲

要素价格扭曲是指要素边际产出与边际投入不匹配的现象，反映企业要

第4章 要素市场：反垄断、要素价格扭曲与企业增长模式转变

素资源配置效率的问题。具体而言，完全竞争市场中企业获得最大化利润的条件是生产要素边际投入价格与要素边际产出相等，此时市场与企业对资源的配置是最为有效的；而边际产出与边际投入偏离越远，则说明市场状态偏离完全竞争市场越远，要素配置越缺乏效率。借鉴盛仕斌和徐海（1999）、谢地和克雷诺（Hsieh and Klenow，2009）、施炳展和冼国明（2012）的做法，本书采用C－D生产函数（柯布道格拉斯生产函数）方法测度要素价格扭曲。其基本测算思路是，根据生产函数计算要素的边际产出，然后与要素单位投入价格作比值，如果比值大于1，说明要素边际产出大于要素边际投入，要素价格被负向扭曲，反之要素价格被正向扭曲。下面是具体测算步骤：

（1）设定C－D生产函数的表达式为：

$$Y = AK^{\alpha}L^{\beta} \tag{公式4.2}$$

（2）对公式4.2中资本要素 K、劳动要素 L 分别求偏导，得对应要素边际产出 MPK、MPL：

$$MPK = A\alpha K^{\alpha-1}L^{\beta} = \alpha Y/K \tag{公式4.3}$$

$$MPL = A\beta K^{\alpha}L^{\beta-1} = \beta Y/L \tag{公式4.4}$$

（3）获取资本要素价格 pk、劳动要素价格 pl 的数据；

（4）计算资本要素、劳动要素扭曲程度：

$$disK = MPK/pk \text{ 与 } disL = MPL/pl \tag{公式4.5}$$

（5）计算总体要素价格扭曲程度：

$$distortion = disK^{\frac{\alpha}{\alpha+\beta}} \cdot disL^{\frac{\beta}{\alpha+\beta}} \tag{公式4.6}$$

具体指标选择如下：Y 为工业增加值，以上市公司当期营业收入（按1990年PPI缩减）度量；L 为劳动力投入，以上市公司员工人数度量；K 为资本投入，以上市公司固定资产净额（按1990年KPI缩减）度量；pl 为劳动力要素价格，以上市公司应付职工薪酬（按1990年CPI缩减）/员工人数进行度量；pk 为资本要素价格，其度量未能形成标准统一的做法，综合考虑以利息支出/负债合计进行度量（盛仕斌和徐海，1999）、直接将利率设定

为 0.1（Hsieh and Klenow，2009）、将低于 0.05 或缺失值用贷款平均利率替代（施柄展和冼国明，2012）等几种做法的优缺点，本书以利息支出/有息负债度量资本要素价格 p_k，有息负债包含短期借款、长期借款、应付债券和一年内到期的非流动负债。这一计算公式高度依赖于上市公司对利息支出项目的主动披露，在充分比对与补充 CSMAR、WIND、RESSET 数据库利息支出项目的数据基础上，本书对缺失与异常利率进行了如下处理：利息支出/有息负债的数值，大于等于当年六个月至一年期贷款利率的，则保留，小于或缺失的，则使用当年六个月至一年期贷款利率作为替代值进行替换，利息支出/有息负债的上限设定为不可超过法定保护上限利率 24%。

2. 企业垄断势力

本书借鉴德勒克和沃津斯基（De Loecker and Warzynski，2012）和王贵东（2017）的做法测定企业的垄断势力。这一方法的基本逻辑是，通过古典经济学理论以要素和最小化成本构建拉格朗日方程，将垄断势力的测度转换成单个要素的产出弹性和单个要素的报酬份额的比值，分别计算要素弹性和份额占比，以此避开对要素价格和边际成本无法测度的问题。具体而言，分为四个核心步骤：

（1）公式变换。

当前企业的某要素价格 P_i^x 和产量 Q 给定，企业要通过选择要素 X_i 来最小化成本，可以构建拉格朗日方程：

$$L = \sum_{i=1}^{n} P_i^X X_i + \lambda(Q - Q(X)) \qquad \text{（公式 4.7）}$$

公式 4.7 中，λ 反映了企业的边际成本 MC；X 为要素集合。对上式 X_i 求一阶导，可得：

$$P_i^X = MC \cdot \left(\frac{\partial Q(X)}{\partial X_i}\right) \Rightarrow \frac{P}{MC} = \frac{\frac{\partial Q(X)}{\partial X_i} \cdot \frac{X_i}{Q(X)}}{\frac{P_i^X \cdot X_i}{P \cdot Q(X)}} = \frac{\varepsilon_{X_i}}{Share_{X_i}} \qquad \text{（公式 4.8）}$$

第4章 要素市场：反垄断、要素价格扭曲与企业增长模式转变

公式4.8中，ε_{X_i}是要素X_i的产出弹性；$Share_{X_i}$为要素X_i的报酬份额。因此，利用单个要素产出弹性和报酬份额就能测算一个企业的垄断势力，此时就绕过了企业产品价格和边际成本这两项私有而难以获取的信息。

（2）要素产出弹性ε_{X_i}的估计。

要素产出弹性估计的主流方法为OP法（Olley and Pakes，1996）和LP法（Levinsohn and Petrin，2003），其区别在于OP法的被解释变量为工业增加值，而LP法则为工业总产值或工业增加值。为尽可能多地保留观测，本书选取LP法估计要素产出弹性。估计模型如下：

$$\ln Y_j = \mu + \alpha \cdot \ln L_j + \beta \cdot \ln K_j + \gamma \cdot \ln M_j + \varepsilon_j \quad \text{（公式4.9）}$$

公式4.9中，下标j代表公司j；Y为工业总产值，以当期营业收入和当期存货的增加值度量；L为劳动要素投入，以在编员工人数为度量；K为资本投入，以期末固定资产净额为度量；M为中间品投入，以（营业成本+销售费用+管理费用-折旧摊销-支付给职工及为职工支付的现金）为度量；上述三要素对应的α、β、γ分别为劳动、资本、中间品要素的要素产出弹性。本书对上述公式进行分年度分行业回归（在制造业内，取前两位数字代码），以获取三种要素的产出弹性，以显著性水平选择采用何种要素来计算垄断势力。

本书分年度分行业回归时对观测少于30的样本进行了剔除，总共进行了331次回归。回归结果显示，中间品投入$\ln M$的系数γ的331次回归全部显著（留存备索），且绝大部分t值在10以上，显著性远超劳动$\ln L$和资本$\ln K$的系数，因此选用M为估计垄断势力的估计要素，与此同时选用中间品投入M计算垄断势力也避免了劳动L和资本K可能与要素价格扭曲的计算存在潜在内生性的问题。取$\ln M$的回归估计系数的序列（共331个非重复值），记为EP（elasticity of product）。

（3）要素报酬份额$Share_{X_i}$。

要素报酬份额为单个要素与总产值的比值，因此$Share_M = M/Y$。

(4) 计算企业垄断势力 monopower。

计算 $monopower = EP/Share_M$，于是得到公司—年度层面的垄断势力 monopower。

4.4 实证结果

4.4.1 描述性统计分析

表 4.1 是本章研究的描述性统计表，其中，Panel A 是描述性统计分析结果，Panel B 是核心变量相关系数矩阵。

表 4.1　　　　　　　　　描述性统计表

Panel A：主要变量描述性统计表

变量名	观测数	均值	方差	最小值	P25	P50	P75	最大值
disK	11023	33.309	36.160	0.178	11.520	22.438	41.755	233.562
disL	11023	7.622	5.858	0.011	4.116	6.156	9.272	40.321
distortion	11023	15.708	13.022	2.459	7.978	11.913	18.271	86.775
monopower	11023	1.260	0.304	0.517	1.063	1.194	1.374	2.586
size	11023	21.862	1.172	18.988	21.036	21.719	22.504	25.751
lev	11023	0.403	0.191	0.051	0.250	0.401	0.547	0.996
roa	11023	0.054	0.043	0.001	0.021	0.044	0.075	0.214
ppe	11023	0.250	0.143	0.002	0.143	0.223	0.334	0.744
bm	11023	0.736	0.631	0.047	0.323	0.538	0.927	3.932
oncf	11023	0.069	0.052	0.001	0.031	0.059	0.095	0.278
soe	11023	0.400	0.490	0.000	0.000	0.000	1.000	1.000

第4章 要素市场：反垄断、要素价格扭曲与企业增长模式转变

续表

Panel A：主要变量描述性统计表

变量名	观测数	均值	方差	最小值	P25	P50	P75	最大值
tophold	11023	0.356	0.148	0.089	0.241	0.338	0.456	0.756
age	11023	8.966	6.012	1.000	4.003	7.521	13.332	24.496
subsidy	11023	0.010	0.014	0.000	0.002	0.005	0.011	0.100
gdp_g	11023	0.117	0.052	0.008	0.081	0.104	0.152	0.248
gdp_p	11023	5.778	3.006	0.746	3.489	5.409	7.764	14.021
gdp_s	11023	0.392	0.081	0.147	0.373	0.405	0.442	0.515

Panel B：核心变量相关系数矩阵

Pearson \ Spearman	*disK*	*disL*	*distortion*	*monopower*
disK	1	0.040***	0.789***	−0.144***
disL	0.169***	1	0.348***	−0.399***
distortion	0.790***	0.404***	1	−0.324***
monopower	−0.111***	−0.287***	−0.207***	1

注：*、**、*** 分别表示在10%、5%和1%的水平上显著。

表4.1 Panel A列示了主要变量的描述性统计情况，要素价格扭曲变量（*disK*、*disL*、*distortion*）和市场势力（*monopower*）与施炳展和冼国明（2012）、王贵东（2017）等的研究有一定差异，原因主要在于他们是以中国工业企业数据库为研究样本，一方面A股上市公司的企业规模、成长阶段、盈利能力等诸多方面与中国工业企业数据库中为主的中小型企业有较大的差异；另一方面中国工业企业数据库所存在的样本匹配混乱、变量大小异常、测度误差明显，并非是全样本调研，且高度依赖调查所涵盖的企业，上述诸多问题均被学术界所诟病（聂辉华等，2012；陈林，2018），数据存在难以克服的固有局限。与此同时，我们对要素价格扭曲指标与施炳展和冼国明（2012）提供的描述性统计表进行了逐年比对，A股公司样本与工业企业数据库样本量级差异在2倍左右，处于可以接受的范围；市场势力（*monop-*

$ower$）均值与王贵东（2017）一致，说明 A 股公司样本为无偏样本，可以代表总体市场势力结构，但其方差更小，所以分布更集中于均值附近。

表 4.1 Panel B 列示了市场势力与要素价格扭曲之间的变量相关系数表，无论是劳动力、资本还是整体扭曲程度均与市场势力呈现显著负相关关系，说明市场势力越弱其要素实际价格与要素应得价格的偏离程度更高，要素价格扭曲现象在市场弱势企业中表现得更为明显。

4.4.2 主回归实证结果

表 4.2 报告了基于 PSM 的 DID 模型回归结果及其相关的附属检验。

表 4.2　　　　　　　　主回归结果（PSM + DID）

Panel A：DID 回归结果

变量名	(1) $distortion_{t+1}$	(2) $disL_{t+1}$	(3) $disK_{t+1}$
$treat$	7.185*** (6.06)	2.640*** (5.90)	13.767*** (5.68)
$treat \times post$	-3.778*** (-3.15)	-0.566 (-1.13)	-6.523*** (-2.64)
$size$	0.396 (0.89)	0.800*** (3.35)	-0.059 (-0.05)
lev	8.673*** (3.89)	2.303** (2.31)	21.731*** (4.22)
roa	37.456*** (4.86)	5.132 (1.33)	108.520*** (5.98)
ppe	-27.941*** (-10.39)	-2.600** (-2.10)	-92.345*** (-11.79)

第4章 要素市场：反垄断、要素价格扭曲与企业增长模式转变

续表

Panel A：DID 回归结果

变量名	(1) $distortion_{t+1}$	(2) $disL_{t+1}$	(3) $disK_{t+1}$
bm	0.132 (0.22)	-0.116 (-0.38)	-0.714 (-0.61)
$oncf$	13.584*** (2.86)	3.573 (1.45)	42.420*** (3.43)
soe	-1.409** (-2.12)	-1.064*** (-2.95)	-0.946 (-0.53)
$tophold$	-0.336 (-0.15)	0.803 (0.70)	7.792 (1.52)
age	-0.014 (-0.17)	-0.062 (-1.51)	0.305 (1.43)
$subsidy$	-76.375*** (-5.47)	-24.775*** (-3.73)	-215.729*** (-6.87)
gdp_g	-0.345 (-0.05)	-1.050 (-0.30)	-17.262 (-1.22)
gdp_p	0.000 (0.29)	-0.000* (-1.83)	0.000 (1.15)
gdp_s	8.251** (2.12)	1.408 (0.59)	15.764* (1.69)
$Constant$	13.503 (1.44)	-7.023 (-1.55)	38.553* (1.83)
观测数	4608	4830	4830
R^2	0.382	0.291	0.397
行业固定效应	Yes	Yes	Yes
年度固定效应	Yes	Yes	Yes
个体层面聚类	Yes	Yes	Yes

Panel B：PSM 平衡性检验

配对变量名	T值或 Chi-2 值
$size$	0.42
lev	0.43

续表

Panel B：PSM 平衡性检验

配对变量名	T 值或 Chi-2 值
roa	-0.12
ppe	0.43
bm	0.56
oncf	-0.69
soe	0.00
tophold	0.42
age	0.02
gdp_g	-1.12
gdp_p	0.17
gdp_s	-0.61
subsidy	0.47
Whole Sample	0.987

Panel C：平行趋势假定检验

变量名	(1) $distortion_{t+1}$	(2) $disL_{t+1}$	(3) $disK_{t+1}$
treat	7.228***	2.961***	13.643***
	(3.97)	(4.62)	(4.33)
before3 × treat	1.603	2.166***	-1.429
	(0.95)	(2.74)	(-0.46)
before2 × treat	-2.573	-2.263***	-4.745
	(-1.57)	(-2.83)	(-1.41)
before1 × treat	0.843	-1.288*	5.440
	(0.46)	(-1.78)	(1.58)
Constant	2.740	-6.911	36.186*
	(0.29)	(-1.53)	(1.72)
after1-4 × treat	Yes	Yes	Yes
Controls	Yes	Yes	Yes

第4章 要素市场：反垄断、要素价格扭曲与企业增长模式转变

续表

Panel C：平行趋势假定检验			
变量名	（1） $distortion_{t+1}$	（2） $disL_{t+1}$	（3） $disK_{t+1}$
观测数	4608	4830	4830
R^2	0.386	0.296	0.402
行业固定效应	Yes	Yes	Yes
年度固定效应	Yes	Yes	Yes
个体层面聚类	Yes	Yes	Yes

注：*、**、*** 分别表示在10%、5%和1%的水平上显著。

表4.2 Panel A 展示了作为主回归的 DID 检验结果，主要关注变量为 $treat \times post$ 项，总体扭曲水平（$distortion_{t+1}$）和资本要素价格扭曲（$disK_{t+1}$）交乘项均在1%水平上显著为负，而劳动要素价格扭曲（$disL_{t+1}$）交乘项未达显著水平，说明《反垄断法》实施后，随着市场环境的改善，市场弱势的企业要素价格扭曲水平相比市场强势的企业下降得更多，《反垄断法》的实施对市场弱势企业的要素资源配置效率起到了更为显著的影响。进一步地，总体要素价格扭曲（$distortion_{t+1}$）的变化主要是由资本要素价格扭曲水平（$disK_{t+1}$）的下降带来，而并非由劳动要素价格扭曲水平（$disL_{t+1}$）贡献。

表4.2 Panel B 展示了 PSM 配对的平衡性检验，本书所选取的公司层面变量与地区层面变量在 PSM 配对后均未在实验组和控制组间呈现显著性差异，与此同时总体样本 Chi-2 检验也显示整体样本在两组间不存在显著性差异，通过了平衡性检验。

表4.2 Panel C 展示了 DID 模型的平行趋势假定检验，平行趋势假定检验是 DID 模型成立的前提，本书以2008年年底为界将冲击前1~3个自然年度生成 $Before3$、$Before2$、$Before1$ 三个年度虚拟变量，并使之与 $treat$ 进行交乘，以此检验是否满足平行趋势假定，实际模型还包含了冲击后3个自然年

度及之后自然年度的虚拟变量与 treat 的交乘项（即 After1 × treat、After2 × treat、After3 × treat、After4over × treat）此处未予以报告。Panel C 模型（1）和模型（3）中 Before × treat 项均不显著，说明实验组与控制组在冲击前3年的增长趋势不存在显著差异，即通过平行趋势假定检验。

4.4.3 截面异质性

主回归结果展示了《反垄断法》的实施对市场弱势企业更为显著的资本要素价格扭曲的抑制作用，我们进一步通过寻找资本要素相关变量的不同截面来强化资本要素价格扭曲被抑制的证据。我们认为，当企业所处的行业为高资本集中度产业、更容易获得政府补贴支持的企业以及更容易获得信贷支持的企业，可能会表现出更为显著的抑制作用，也即，在《反垄断法》实施后，市场弱势企业所展现出的资本要素价格扭曲抑制程度在更依赖资本的行业中、更容易获得政府支持的政企环境中以及更容易获得银行信贷资源的银企环境中，会更为显著。行业特性、政企环境、银企环境将分别解释企业对内部资本的需求与外部资本的依赖，进一步揭示资本要素价格扭曲所受到的影响。

需要说明的是，本书采用异质性 DID 方法描绘异质性差异，在 DID 交乘项的基础上加入截面调节变量 P，以 $treat × post$ 和 $P × treat × post$ 进入回归模型，那么三项交乘的系数即是 P 为大与小在 $treat × post$ 上的差异，称为异质性 DID（陈强，2019）。这一方法所考察的重点是在不同截面上 DID 效应的差异。

1. 资本集中度调节作用

行业特性往往决定了企业对资本的需求程度，资本集中度的高低所反映的《反垄断法》对要素价格扭曲程度的影响可能存在差异。本书按资本集中

第4章 要素市场：反垄断、要素价格扭曲与企业增长模式转变

度（固定资产/总资产）的中位数为界生成资本集中度虚拟变量 $heavy$，当 $heavy=1$ 时代表高资本集中度，当 $heavy=0$ 时代表低资本集中度，以此变量反映企业对重资本投资的需求。在原有 $treat \times post$ 交乘的基础上，我们增加了 $heavy \times treat \times post$ 三项交乘，该系数反映了高资本集中度与低资本集中度企业的差异。表4.3展示了资本集中度调节作用的回归结果。

表4.3　　　　　　　　　　资本集中度调节作用

变量名	(1) $distortion_{t+1}$	(2) $disK_{t+1}$
$treat$	8.276*** (6.43)	17.594*** (6.16)
$treat \times post$	-2.312 (-1.60)	3.113 (0.95)
$heavy \times treat \times post$	-2.858** (-2.47)	-19.266*** (-6.70)
$size$	0.286 (0.62)	-0.569 (-0.48)
lev	8.770*** (3.66)	21.317*** (3.74)
roa	58.178*** (6.98)	168.444*** (7.99)
bm	-0.413 (-0.66)	-2.782** (-2.15)
$oncf$	-0.010 (-0.00)	0.409 (0.03)
soe	-1.338* (-1.87)	-0.428 (-0.22)
$tophold$	-0.305 (-0.13)	8.043 (1.38)

续表

变量名	(1) $distortion_{t+1}$	(2) $disK_{t+1}$
age	-0.013 (-0.15)	0.257 (1.07)
gdp_g	1.992 (0.30)	-10.601 (-0.68)
gdp_p	0.000 (0.84)	0.000* (1.69)
gdp_s	4.551 (1.07)	6.137 (0.56)
$subsidy$	-85.057*** (-6.14)	-237.365*** (-7.67)
$Constant$	11.214 (1.15)	37.326 (1.63)
观测数	4608	4830
R^2	0.326	0.305
调整 R^2	0.319	0.298
行业固定效应	Yes	Yes
年度固定效应	Yes	Yes
个体层面聚类	Yes	Yes

注：*、**、*** 分别表示在10%、5%和1%的水平上显著。

表4.3 的回归结果显示，《反垄断法》的实施对市场弱势企业要素价格扭曲水平的抑制影响，在高资本集中度的企业中影响更大，对于总体要素价格扭曲（$distortion_{t+1}$）而言，高资本密集度企业要素价格扭曲水平相比低资本密集度企业要素价格扭曲水平在两组间的差异负向扩大了2.858；同样地，资本要素价格扭曲（$disK_{t+1}$）下，高资本密集度企业要素价格扭曲水平相比低资本密集度企业要素价格扭曲水平在两组间的差异负向扩大了19.266。这一结果说明越是资本密集的企业，其要素价格扭曲受该法实施的

第4章 要素市场：反垄断、要素价格扭曲与企业增长模式转变

影响越为显著，行业特性决定的资本需求程度越高，资本要素价格扭曲程度受《反垄断法》的抑制作用更为明显。

2. 政府补贴的调节作用

政府补贴是企业重要的外部资金来源，能够补充企业自身所缺乏的资源（Tether，2002），并向市场传递了良好的政企关系，便于获取更多的外部融资（Feldman and Kelley，2006；Kleer，2010）。一方面，相对容易获得政府补贴的企业会更依赖资本要素（而不是劳动要素）以进行生产或内部投资，以提升产能、获取产出；另一方面，竞争环境的加剧与公平环境的营造，迫使企业以更为高效的方式使用与配置资本要素。因此，《反垄断法》实施对于市场弱势企业资本要素价格扭曲的影响，在更依赖政府补贴资源的环境中可能会带来更大程度的效率提升，最终造成要素价格扭曲更为显著的下降。本书按政府补贴 subsidy（政府补贴数额/总资产）的中位数为界生成政府补贴虚拟变量 sub，当 sub = 1 时代表高政府补贴，当 sub = 0 时代表低政府补贴，以此捕捉政府补贴带来的调节影响，交乘设定同上。政府补贴的调节作用回归结果如表4.4所示。

表4.4　　政府补贴的调节作用

变量名	(1) $distortion_{t+1}$	(2) $disK_{t+1}$
treat	7.457*** (6.24)	14.627*** (6.00)
treat × post	-0.853 (-0.60)	1.593 (0.52)
sub × treat × post	-5.170*** (-4.58)	-14.589*** (-5.58)

续表

变量名	(1) $distortion_{t+1}$	(2) $disK_{t+1}$
$size$	0.460 (1.05)	0.135 (0.13)
lev	8.772*** (3.95)	21.817*** (4.23)
roa	38.037*** (4.95)	109.141*** (5.97)
ppe	-27.732*** (-10.32)	-91.762*** (-11.62)
bm	0.114 (0.19)	-0.796 (-0.69)
$oncf$	13.145*** (2.74)	41.709*** (3.37)
soe	-1.430** (-2.15)	-1.055 (-0.59)
$tophold$	-0.231 (-0.10)	7.817 (1.51)
age	-0.003 (-0.03)	0.342 (1.59)
gdp_g	3.086 (0.49)	-7.556 (-0.53)
gdp_p	0.000 (0.37)	0.000 (1.27)
gdp_s	7.722** (2.04)	14.489 (1.59)
Constant	11.408 (1.24)	32.426 (1.57)
观测数	4608	4830

第4章 要素市场：反垄断、要素价格扭曲与企业增长模式转变

续表

变量名	(1) $distortion_{t+1}$	(2) $disK_{t+1}$
R^2	0.385	0.400
调整 R^2	0.378	0.394
行业固定效应	Yes	Yes
年度固定效应	Yes	Yes
个体层面聚类	Yes	Yes

注：*、**、***分别表示在10%、5%和1%的水平上显著。

表4.4的回归结果显示，《反垄断法》的实施对市场弱势企业要素价格扭曲水平的抑制作用在高政府补贴的企业中影响更大，在总体扭曲水平（$distortion_{t+1}$）和资本价格扭曲水平（$disK_{t+1}$）回归中，三项交乘系数分别为 -5.170 和 -14.589，均在1%水平上显著，说明高政府补贴企业的效率提升更多，要素价格扭曲水平下降更为明显。

3. 信贷资源的调节作用

信贷错配导致的信贷市场分割造成了"受青睐"企业的"融资过度"与"受歧视"企业的"融资不足"（王彦超，2014），作为企业最重要的外部融资来源，银企关系所决定的信贷地位将对企业资本要素的利用产生重大影响。一方面，信贷优势地位企业更倾向于使用易得的资本要素获取产出，而另一方面，信贷优势地位企业的"融资过度"逐渐演变为信贷资源的二次配置，自身资本使用效率往往处于较低的水平。因此，《反垄断法》的实施对市场劣势企业的要素扭曲抑制作用，可能会随着信贷地位的优劣而产生异质性影响，信贷优势地位企业的资本要素价格扭曲下降会比信贷劣势企业更为显著。本书参考斯科特和马丁（Scott and Martin，1975）、迪安杰洛和马苏利斯（DeAngelo and Masulis，1980）、姜付秀和刘志彪（2005）、邓路等（2016）的研究，以经资产加权平均后的行业平均银行借款确定为公司的目

标银行借款,然后用公司当年实际银行借款减去估计出的目标银行借款,得到公司超额贷款,公司超额贷款越多,说明信贷地位越高优势越强。本书以超额贷款的中位数为界生成信贷地位的虚拟变量 $Eloan$,当 $Eloan=1$ 时代表信贷优势,当 $Eloan=0$ 时代表信贷劣势,以此捕捉信贷地位(信贷资源的易得性)带来的调节影响,交乘设定同上。信贷资源的调节作用回归结果如表 4.5 所示。

表 4.5　　　　　　　　　信贷资源的调节作用

变量名	(1) $distortion_{t+1}$	(2) $disK_{t+1}$
$treat$	7.118*** (6.03)	13.582*** (5.64)
$treat \times post$	-3.931*** (-3.28)	-7.003*** (-2.82)
$Eloan \times treat \times post$	-13.962* (-1.73)	-42.871*** (-2.85)
$size$	0.311 (0.68)	-0.311 (-0.28)
lev	10.410*** (4.38)	26.944*** (4.89)
roa	37.887*** (4.93)	109.739*** (6.11)
ppe	-27.489*** (-10.13)	-91.002*** (-11.54)
bm	0.176 (0.28)	-0.582 (-0.49)
$oncf$	12.791*** (2.70)	40.053*** (3.25)

续表

变量名	(1) $distortion_{t+1}$	(2) $disK_{t+1}$
soe	-1.387** (-2.09)	-0.868 (-0.49)
$tophold$	-0.481 (-0.22)	7.330 (1.43)
age	-0.030 (-0.36)	0.255 (1.19)
gdp_g	-0.984 (-0.15)	-19.210 (-1.36)
gdp_p	0.000 (0.27)	0.000 (1.13)
gdp_s	8.502** (2.17)	16.516* (1.79)
$subsidy$	-74.503*** (-5.46)	-210.782*** (-6.87)
$Constant$	14.710 (1.54)	44.139** (2.07)
观测数	4608	4830
R^2	0.385	0.402
调整 R^2	0.379	0.396
行业固定效应	Yes	Yes
年度固定效应	Yes	Yes
个体层面聚类	Yes	Yes

注：*、**、*** 分别表示在10%、5%和1%的水平上显著。
资料来源：手工整理。

表4.5的回归结果显示，《反垄断法》实施对市场弱势企业要素价格扭曲水平的抑制作用在信贷优势地位的企业中影响更大，分别在总体扭曲水平

($distortion_{t+1}$）和资本价格扭曲（$disK_{t+1}$）回归中，三项交乘系数为 -13.962 和 -42.871，分别在10%和1%水平上显著，说明信贷优势地位企业的效率提升更多，要素价格扭曲水平下降更为明显。

截面异质性分析显示，在《反垄断法》实施后，市场弱势企业所展现出的资本要素价格扭曲抑制程度在更依赖资本的行业中、更容易获得政府支持的政企环境中以及更容易获得银行信贷资源的银企环境中，更为显著。这些截面因素深刻地影响企业的内部资本需求与外部资本易得性，进一步揭示了《反垄断法》在由资本驱动增长的企业中对负向扭曲的资本要素价格的矫正作用尤为重要。

4.4.4 进一步研究——企业增长模式的转变

1. 要素边际产出与要素单位价格在冲击前后的差异检验

要素价格扭曲是在利润最大化条件下要素边际产出与要素单位价格的比例，也即市场弱势企业相比市场强势企业资本要素价格扭曲下降更多的原因，既有可能是要素边际产出的下降更多，也有可能是要素单位价格的上升更多。我们进一步将要素价格扭曲按如上所述进行拆解，查看要素价格扭曲下降的原因。

本书分别对实验组与控制组公司的资本要素边际产出（MPK）和要素单位价格（pk）进行了描述性统计绘图（如图4.1所示），随后本书将实验组与控制组每年的MPK、pk差异生成年度序列，并检验《反垄断法》实施前后是否存在统计学意义的差异。若差异显著，则说明该分项能够解释资本要素价格扭曲下降的原因。

第4章 要素市场：反垄断、要素价格扭曲与企业增长模式转变

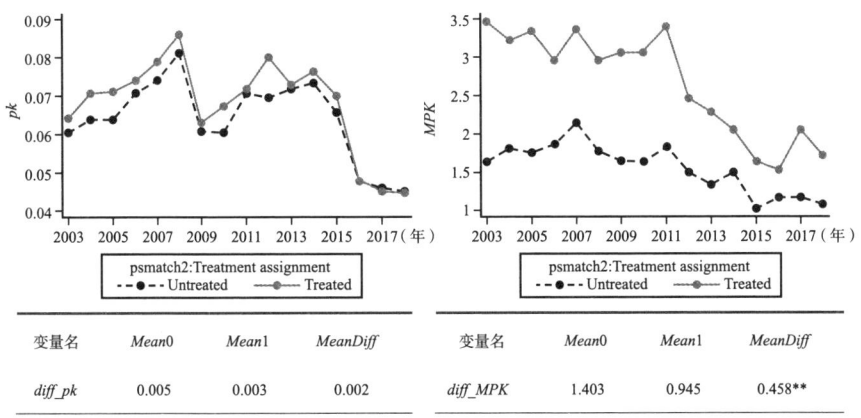

图 4.1　要素边际产出与要素单位价格描述性统计

注：*、**、*** 分别表示在 10%、5% 和 1% 的水平上显著。

图 4.1 展示了我们得到的基本结论：第一，资本要素单位价格 pk 在两组间差异所形成的时间序列，在《反垄断法》实施前后不存在显著差异，单变量检验显示系数为 0.002，且未通过显著性检验，从图形上也得到佐证，资本要素价格扭曲在两组间差异较小，且冲击前后这一差异基本保持不变；第二，资本要素边际产出 MPK 在两组间的差异走势展示出了明显的变化，在《反垄断法》实施前后存在显著差异，单变量检验显示系数为 0.458，且在 5% 水平上显著，图形也印证了实验组比控制组更高的 MPK，但两组差异在 2009 年达到峰值后开始逐渐缩小，这一缩小的原因在于实验组（市场弱势企业）的 MPK 的下降。这一现象说明，实验组和控制组之间资本的获取成本并没有产生显著性的差异，而实验组的单位边际资本成本在不断下降，这造就了市场弱势企业相比市场强势企业资本要素价格扭曲下降程度更多更显著的结果。进一步地，最优产出下的资本要素边际产出 MPK 下降，说明资本要素驱动企业产出的速度在下降，也即，继续投入一单位资本所带来的产出在增加（MPK 为正值），但其增幅却在不断下降。

2. 企业投资与投资效率的检验

市场弱势企业的资本要素边际产出（MPK）的下降将直接影响企业的投资决策。一方面，资本要素边际产出的下降，管理层可以通过持续投资固定资产以获取产出，但这一行为可能会引起过度投资或产能过剩的结果；另一方面，资本要素边际产出的下降，可能会进一步影响内部投资结构，管理层通过调整资本的投向以改变企业增长战略。本小节将研究市场弱势企业的资本要素边际产出 MPK 下降之后，企业投资规模与投资效率是否发生改变，以验证企业是否扩大投资以及改变对投资机会的利用。

本书借鉴理查森（Richardson，2006）、刘慧龙等（2014）的投资效率模型，计算新增投资 invest 与企业的投资效率 absInvEff，将样本限定为市场弱势组（实验组）且年度为 2009 年及之后，为了考察 MPK 下降带来的影响，生成 $delta\_MPK_t = MPK_t - MPK_{t-1}$、$delta\_disK_t = disK_t - disK_{t-1}$。

资本边际产出下降对投资行为影响的回归结果如表 4.6 所示。

表 4.6　资本边际产出下降对投资行为的影响（$treat = 1 \ \& \ year \geqslant 2009$）

变量名	(1) invest	(2) invest	(3) absInvEff	(4) absInvEff
delta_MPK	-0.003* (-1.93)		-0.001 (-0.95)	
delta_disK		-0.000* (-1.76)		-0.000 (-0.34)
size	0.005** (2.39)	0.006** (2.44)	0.000 (0.07)	0.000 (0.12)
lev	0.012 (0.75)	0.012 (0.75)	0.000 (0.06)	0.000 (0.04)
roa	0.076 (1.18)	0.080 (1.23)	-0.012 (-0.35)	-0.012 (-0.33)

第4章 要素市场：反垄断、要素价格扭曲与企业增长模式转变

续表

变量名	（1） invest	（2） invest	（3） absInvEff	（4） absInvEff
ppe	-0.055*** (-2.76)	-0.055*** (-2.75)	-0.003 (-0.28)	-0.002 (-0.21)
bm	0.002 (0.34)	0.002 (0.36)	0.002 (0.70)	0.003 (0.72)
oncf	-0.020 (-0.57)	-0.021 (-0.61)	0.035 (1.58)	0.035 (1.58)
soe	-0.011*** (-2.72)	-0.012*** (-2.77)	-0.010*** (-4.41)	-0.010*** (-4.45)
tophold	-0.003 (-0.15)	-0.004 (-0.20)	0.006 (0.58)	0.005 (0.54)
age	-0.001** (-2.14)	-0.001** (-2.12)	0.000 (0.71)	0.000 (0.71)
gdp_g	0.138* (1.90)	0.140* (1.93)	0.024 (0.53)	0.025 (0.56)
gdp_p	-0.000 (-0.09)	-0.000 (-0.12)	0.000 (0.21)	0.000 (0.18)
gdp_s	0.023 (0.79)	0.023 (0.81)	0.006 (0.38)	0.006 (0.38)
subsidy	0.181 (0.93)	0.182 (0.93)	0.248* (1.96)	0.250** (1.99)
Constant	-0.096** (-2.03)	-0.098** (-2.06)	0.017 (0.72)	0.016 (0.67)
观测数	1158	1158	1158	1158
R^2	0.119	0.116	0.065	0.063
调整 R^2	0.091	0.088	0.036	0.034
行业固定效应	Yes	Yes	Yes	Yes
年度固定效应	Yes	Yes	Yes	Yes
个体层面聚类	Yes	Yes	Yes	Yes

注：*、**、***分别表示在10%、5%和1%的水平上显著。

资料来源：手工整理。

表4.6结果显示,《反垄断法》实施之后,市场弱势企业资本要素边际产出 MPK 的下降幅度每增加一个单位将带来新增投资额上升0.003个单位,而对于投资效率则未能观察到显著的影响,同样地,资本要素价格扭曲 $disK$ 的整体下降也能观察到相同的结果。这一结果说明,市场弱势企业在《反垄断法》实施之后,资本要素价格扭曲下降,尤其是资本边际产出的下降,并未改变企业对投资机会的利用,而投资规模的上升,说明企业在逐步调整内部的投资结构。

3. 创新驱动的增长模式

从上述研究结果我们发现,在《反垄断法》实施之后,企业的要素价格扭曲程度下降的主要原因在于企业的固定资产边际产出下降,进而市场弱势企业对内部的投资结构进行了调整。接下来,我们想要了解市场弱势企业将新增投资额具体投向哪些项目,我们预期这些项目与企业创新直接相关。

公司发展需要适应外部环境(Chandler,1962;Learned et al.,1965;Meyer and Rowan,1977;蔡宁等,2017)和产业环境(Porter,1980)。从宏观背景来说,随着中国消费水平和生产水平的上升,国内需求结构进一步向技术密集型产业倾斜并拉动产业结构升级的趋势将更加明显(郭克莎,2004)。从企业行为来说,在市场稳定结构受到冲击时,必须及时有效地进行创新,因为只有创造新的竞争优势才能适应高度竞争和快速变化的环境,这也是企业长期生存和发展的需要。尤其是对于市场弱势企业来说,由于在规模经济和资源获得上并不占优势,甚至可能处于劣势地位,超越路径依赖发展企业的变革方法之一在于创新。在投资于固定资产的边际产出已然开始下降时,企业将资金投向创新来重新分配资源是更为明智的选择。

新增投资 $invest$ 中既包括了固定资产投资,也包括无形资产投资,为了探究企业是否通过增加对创新项目的投资而表现为新增投资的增加,本书在控制了固定资产集中度的基础上探究企业是否提高了研发密度。

第4章 要素市场：反垄断、要素价格扭曲与企业增长模式转变

资本边际产出下降幅度对创新投入影响的回归结果如表4.7所示。

表4.7 资本边际产出下降幅度对创新投入的影响（$treat=1$ & $year \geqslant 2009$）

变量名	(1) rnd	(2) rnd
delta_MPK	-0.001* (-1.90)	
delta_disK		-0.000** (-2.12)
size	-0.000 (-0.34)	-0.000 (-0.35)
lev	-0.013 (-1.59)	-0.013 (-1.59)
roa	-0.015 (-0.56)	-0.014 (-0.53)
ppe	0.000 (0.04)	0.000 (0.00)
bm	-0.001 (-0.25)	-0.001 (-0.26)
oncf	-0.033** (-2.27)	-0.033** (-2.28)
soe	-0.000 (-0.07)	-0.000 (-0.07)
tophold	-0.018 (-1.63)	-0.018 (-1.64)
age	-0.000 (-1.02)	-0.000 (-1.03)
gdp_g	0.069* (1.84)	0.069* (1.84)
gdp_p	0.000 (1.46)	0.000 (1.45)

续表

变量名	(1) rnd	(2) rnd
gdp_s	0.011 (0.48)	0.011 (0.49)
$subsidy$	0.041 (0.61)	0.041 (0.61)
$Constant$	0.014 (0.46)	0.014 (0.45)
观测数	823	823
R^2	0.285	0.285
调整 R^2	0.253	0.254
行业固定效应	Yes	Yes
年度固定效应	Yes	Yes
个体层面聚类	Yes	Yes

注：*、**、*** 分别表示在10%、5%和1%的水平上显著。

表4.7结果显示，《反垄断法》实施之后，市场弱势企业资本要素边际产出 MPK 的下降幅度每增加一个单位将带来研发密度上升0.001个单位（10%显著水平），对于资本要素价格扭曲 $disK$ 的整体下降也能观察到相同的结果。这一结果说明，资本边际产出的下降使得企业依赖于资本进行企业生产所获得的边际效益逐步下滑，企业在未改变投资机会利用的基础上，增加投资并投向创新项目，以试图改变企业增长模式，将企业从资本驱动模式向创新驱动模式转变。

4.4.5 稳健性检验

1. 安慰剂检验

本书针对冲击年份进行了安慰剂检验，多次改变冲击年份，以查看在安

第4章 要素市场：反垄断、要素价格扭曲与企业增长模式转变

慰剂检验下虚拟冲击年份是否也能产生《反垄断法》实施的政策效果，由于本书关注的核心变量是 $treat \times post$，因此只要能找到某一年该项是显著且满足平行趋势假定，那么就无法通过安慰剂检验。

本书随机挑选了2003~2018年之间的数个年份作为虚拟冲击时间点，为了预留冲击前年度3年和冲击后至少3年，因此可选择的区间只有2005~2015年。由于本书选取的《反垄断法》政策冲击点为2009年初（2008年末），实质上2008年下半年即已生效，宏观政策难以在半年内分离时间效应，因此忽略了2008、2009两年，默认两年都可能是冲击时点。

不同虚拟冲击年度的安慰剂检验回归结果如表4.8所示。

表4.8 不同虚拟冲击年度的安慰剂检验

变量名	检验	（1）		（2）		（3）	
$treat \times post$	是否通过	$distortion_{t+1}$	平行趋势	$disL_{t+1}$	平行趋势	$disK_{t+1}$	平行趋势
2005	PASS	-1.749 (-1.18)	NO	0.896 (1.53)	NO	-1.343 (-0.49)	NO
2007	PASS	0.517 (0.45)	NO	-2.557*** (-5.47)	NO	-1.505 (-0.66)	YES
—	—	—	—	—	—	—	—
2010	PASS	-1.530* (-1.88)	NO	-1.471*** (-3.57)	NO	-0.075 (-0.04)	NO
2011	PASS	-1.667** (-2.57)	NO	-0.269 (-0.79)	NO	-0.207 (-0.13)	NO
2012	PASS	-1.504*** (-2.77)	NO	0.276 (0.94)	NO	0.426 (0.30)	YES
2013	PASS	0.119 (0.24)	NO	0.287 (1.02)	NO	3.566** (2.57)	NO
2015	PASS	-0.087 (-0.17)	NO	0.688** (2.38)	NO	1.771 (1.16)	NO

注：*、**、***分别表示在10%、5%和1%的水平上显著。

表 4.8 显示,在随机选取的年份中,$treat \times post$ 项显著的均未能通过平行趋势假定,而满足平行趋势假定的 $treat \times post$ 项未能显著,即所有年度均通过了安慰剂检验。这一结果说明,非本书事件冲击的时间点,未能观测到政策效应,说明本书的研究结论稳健。

2. 更换冲击事件

为了排除 2008 年前后经济危机的广泛影响,我们将冲击替换为 2016 年起实施的《公平竞争审查制度》,该制度以废除、修订原地方规章的形式来破除行政垄断所形成的地方保护,不同省份落实时间有略微差异,但其对行政垄断的破除是革命性的,要素流动失去了地方行政权力的限制,将极大改善要素的配置效率,将对企业要素价格扭曲产生类似《反垄断法》2008 年冲击的效果,但又避免了经济危机的内生性问题的影响。

具体而言,2016 年开始实施《公平竞争审查制度》的省区市有北京、河北、辽宁、黑龙江、江苏、浙江、福建、湖北、湖南、广东、广西、贵州、陕西、宁夏;2017 年开始实施《公平竞争审查制度》的省区市有天津、山西、内蒙古、吉林、上海、安徽、江西、山东、河南、海南、重庆、四川、云南、西藏、甘肃、青海、新疆。

《公平竞争审查制度》的 DID 回归如表 4.9 所示。

表 4.9 《公平竞争审查制度》的 DID 检验

变量名	(1) $distortion_{t+1}$	(2) $disL_{t+1}$	(3) $disK_{t+1}$
treat	5.197*** (6.72)	2.318*** (5.98)	10.646*** (5.83)
$treat \times post$	−2.952*** (−3.12)	−0.093 (−0.15)	−7.295*** (−2.61)

第4章 要素市场：反垄断、要素价格扭曲与企业增长模式转变

续表

变量名	(1) $distortion_{t+1}$	(2) $disL_{t+1}$	(3) $disK_{t+1}$
Constant	12.416 (1.31)	-6.967 (-1.54)	37.619* (1.78)
控制变量	Yes	Yes	Yes
观测数	4608	4830	4830
R^2	0.379	0.290	0.396
调整 R^2	0.372	0.283	0.390
行业固定效应	Yes	Yes	Yes
年度固定效应	Yes	Yes	Yes
个体层面聚类	Yes	Yes	Yes

注：*、**、*** 分别表示在10%、5%和1%的水平上显著。

表4.9中，2016年起实施的《公平竞争审查制度》的多点冲击DID检验显示，回归（1）和（3）中的 $treat \times post$ 项为负显著，同时满足平行趋势假定，与本书主结果保持一致，说明本书结论在更换了冲击事件后依然稳健。

3. 分组标准改变

为了防止因为人为分组带来的偏误，本书将实验组和控制组的上下二分位数分界替换为上下三分位数。

改变 *treat* 定义的分位点为33%分位点的回归结果如表4.10所示。

表4.10　改变 *treat* 定义的分位点为33%分位点

变量名	(1) $distortion_{t+1}$	(2) $disL_{t+1}$	(3) $disK_{t+1}$
treat	10.499*** (6.46)	4.126*** (6.00)	21.544*** (5.74)

续表

变量名	(1) $distortion_{t+1}$	(2) $disL_{t+1}$	(3) $disK_{t+1}$
$treat \times post$	-4.976*** (-3.14)	-0.858 (-1.20)	-9.288** (-2.56)
Constant	1.094 (0.10)	-15.471** (-2.58)	17.465 (0.75)
控制变量	Yes	Yes	Yes
观测数	2871	3003	3003
R^2	0.398	0.336	0.405
调整 R^2	0.388	0.326	0.396
行业固定效应	Yes	Yes	Yes
年度固定效应	Yes	Yes	Yes
个体层面聚类	Yes	Yes	Yes

注：*、**、*** 分别表示在10%、5%和1%的水平上显著。

表4.10的结果显示，改变分组定义的分位点并不会改变主回归结果，本书结论保持不变，具有稳健性。

4.5 本章小结

《反垄断法》在确立竞争中性政策、创造优质营商环境以及实现企业公平竞争等方面起到非常重要的作用。本书基于2003~2018年中国上市公司数据，采用DID的研究设计，实证检验了《反垄断法》对企业层面要素价格扭曲的整体影响，并检验了异质性差异以及经济后果。本书研究发现，《反垄断法》会矫正市场弱势企业的整体要素价格扭曲程度，将要素拆分为资本要素和劳动力要素后，发现这一影响主要来自资本要素，而且受到行业

第4章　要素市场：反垄断、要素价格扭曲与企业增长模式转变

性质、行政融资依赖程度和银行融资依赖程度的影响。负向扭曲的要素价格扭曲程度的下降意味着要素价格更加市场化，有利于企业参与公平竞争并提高资源配置效率。进一步探究后，我们发现资本要素价格扭曲程度的下降并非来自资本要素投入价格的提高，而在于资本要素的边际产出下降，其后果导致企业整体增长模式发生转变，即在投资效率并未发生显著变化的同时，将原本投资于固定资产的资金转为进行创新投资，即企业的经济增长方式从"投资拉动"转向"创新驱动"。总体来说，本书认为《反垄断法》的实施通过创造良好的营商环境来改变企业资源配置，间接提高了要素市场有效性。

我们的研究结果表明现行的《反垄断法》在一定程度上创造了更公平竞争的营商环境，《反垄断法》及其配套制度对市场整体起作用，未来应该将重点放在如何改善市场垄断结构和限制企业垄断权力。这是因为垄断性企业即使没有做出垄断行为，但也有赖于其垄断地位获得的垄断权力享有对某些资源的廉价占有权和优先使用权，弱化了市场弱势企业革新的动机，阻碍了产业升级。而坚持"竞争中性"原则确实有助于提高企业参与市场竞争的意愿，能间接实现资源的合理配置，提高企业的资源配置效率。另外，要素市场发展落后且扭曲严重已经是新时期中国经济结构转型不得忽视的基本问题，我国资本要素和劳动要素均呈负向扭曲。为实现经济的高质量增长，必须重视要素资源配置，尤其是要加强资本要素在企业间、市场间和地区间的自由流动，减少政府干预，加快金融体系改革。最后，在当前中国资本市场环境下，单纯依靠传统投资于固定资产获取高速增长的经济模式已经开始转变，固定资产的单位边际产出持续下降，即使企业仍能从中赚取收益，但这并不是可持续的长期发展战略。企业必须参与到市场竞争和改革浪潮中来，加强创新投入和产出转化能力，形成自身核心竞争力并建立长期战略优势，将企业口号从"做大做强"转换为"做优做细"，将增长模式从"投资拉动"转为"创新驱动"，才能实现高质量经济增长，也与"去产能""优化结构"等经济目标相适应。

| 第 5 章 |

技术市场：反垄断、技术竞争与研发投入策略

5.1 引言

伴随着我国反垄断政策的逐步推进与营商环境的逐步改善，市场环境的优化为企业研发创造了优渥的条件，企业逐步注重研发策略的制定与研发成果的维护与积累，并主动参与技术市场的研发竞争。本书考察了《反垄断法》实施前后企业间研发竞争行为，查看企业间是否存在研发模仿与研发竞争行为，考察研发行为是否存在空间溢出效应，终而促进企业间研发投入的互动性增长。我们通过分析《反垄断法》实施前后五年的区间上市公司研发投入的空间自相关系数，在经历模型判别、构建基于 Bootstrap 的 Fisher 组合检验、溢出效应检验、嵌套权重矩阵回归等系列分析过程，对企业的横向竞争对手研发竞争效应和纵向行业领导者引领效应两条渠道进行了检验。研究发现：竞争对手之间的研发投入竞争自《反垄断法》实施后产生，且存在显

著的空间相关性；横向的竞争对手研发竞争效应与纵向的行业领导者引领效应同时存在，同样具有正的空间相关性。这说明，企业之间的研发策略从内部决策转向外部对标、从研发投入兼顾创新产出，可以看到企业之间的研发竞争方式发生了深刻的改变。因此需要通过反垄断进一步打破市场壁垒，优化营商环境，为企业研发竞争创造更好的竞争舞台，实现良性的竞争态势，提高我国企业的研发与创新能力。

5.2 理论基础与研究假设

技术竞争是市场竞争领域不可回避的话题，随着现代市场机制的日益完善，消费者对于产品需求的大幅增长、个性化需求与多样化需求的产生倒逼企业加快产品更新换代的周期并产生积极的动态响应机制以保证对市场的敏感性，《反垄断法》的实施更是为技术竞争产生奠定了环境基础，著名经济学家熊彼特曾指出，经济增长就是连续破坏的创新过程，其动力来源就是原利益格局的变革，需要对资源要素进行重新配置，促进新技术的扩张，而市场竞争即可带来上述结果。可见，竞争环境的改善将刺激企业为获取市场优势地位而不断的研发创新，产品市场竞争逐渐演化为技术市场的短兵相接，其产生的新技术、新工艺将经历一系列的跟进、模仿、再创新从而达成新技术的扩张，最终促进宏观层面的经济增长。因此，技术竞争推动了企业研发投入的增长，而且这种增长具有外部性、互动性。

5.2.1 研发投入外部性产生的原因

20世纪70年代后期涌现了大量的竞赛模型描述与捕捉企业之间的技术竞争行为，它们刻画了企业如何根据其市场地位、技术地位来调整研发投入策略（Lerner，1997）。随着专利保护制度的完善，对于能够优先实现技术创新的企业，专利保护所形成的成果独占能够保障企业在相当长的一段时间内形成垄断利润并限制除授权使用以外的其他竞争对手对专利的使用，正是因为这种独占的权利，导致了"赢者通吃"（winner-takes-all）的结果，这将会带来两种改变，第一，研发行为不再是企业内部的管理决策，而是需要考虑外部市场竞争的战略决策；第二，技术地位一定程度上决定了市场地位，企业通过研发行为保持自身既有的市场地位，也可以通过研发关键核心技术"弯道超车"，但两者均依赖于良好的市场环境和有序的竞争市场。这种为了获得专利以维持或改变自身市场地位的研发投入行为，被称作是"专利竞赛"，专利竞赛领域已形成了比较完善的理论体系。

研发活动是企业内部知识积累的重要来源，而研发活动的知识积累又构成了专利竞赛最基础的单元，专利竞赛理论指出，只有优胜者能够收到所有博弈的收益，研发投入的最终目标是获得技术优势，以确立企业的市场地位。在这种假设下，只有成为第一个专利授权的获得者才能获得唯一的竞赛回报，形成不可取代的竞争地位并获得垄断利润，这也是企业进行研发最为原始的动力。针对其他的企业，若研发产出无法获得法律保护，即便研发成功也仍可能面临研发投入的浪费。因此专利权的获得在专利竞赛中具有极为重要的地位，并衍生出了以专利竞赛为基础的竞赛信号传递理论、专利丛林理论和策略互动理论。

1. 专利信号传递理论

专利信号传递理论认为，专利申请及获得授权是一种信号传递的工具，公开某些专利申请的信息，可以阻止其他企业获取该项专利或迫使其他企业放弃已有的研发项目与研发投入。利希曼等（Lichtman et al.，2000）认为，公司在专利竞赛中为了预防竞争对手专利会有主动披露研发信息的动机，但前提是自身已然是领先者且无法被后者轻松地超越。贝克和梅泽蒂（Baker and Mezzetti, 2005)研究了专利竞赛的信息披露行为,信息披露行为能够形成溢出效应,对取得竞赛胜利有至关重要的作用。帕乔莫夫斯基(Parchomovsky, 2000)、克劳斯(Kraus, 2000)、塔利亚(Talia, 2006)认为策略性的披露行为也可能存在被竞争者吸收和学习的风险,导致自身丧失专利获取的先机,也同样可能导致延长专利竞赛周期。这一领域实证研究相对较少,在少有的实证论文中,杭和内加西(Hung and Negassi, 2011)基于法国政府的企业调查数据,运用结构模型进行实证研究,发现同行业企业内存在相互技术竞争,竞争以一方获取专利为终结,竞争过程中竞争双方的研发支出显著正相关。与此同时,企业也同样可能披露虚假信息,以干扰竞争对手的研发策略。高山行等(2009)通过多元层次回归分析研究发现策略性专利信息披露行为会受企业竞赛地位及企业合作关系影响,企业应当甄别信息的真实性,但也可能释放虚假信息。赵小飞(2011)运用专利信号博弈模型研究发现,企业在专利竞赛过程中,以既定的研发成本获取更多的专利申请数来向外部发送信号,以伪装成高成长能力的企业以示与其他企业的区别,达到分离均衡。因此,专利信号传递理论是企业为了获取专利,向竞争者发布研发信息、专利申请信息,以表明优势地位,震慑对手退出竞争,甚至采取伪装、欺骗式信息披露,以打乱竞争对手的研发策略。

2. 专利丛林理论

专利丛林理论所描绘的是专利权分散所导致的诸多专利未能有效利用或对新专利产生的抑制性障碍。夏皮罗(Shapiro, 2001)提出了"专利丛林"(Patent Thicket)理论,技术竞争带来的专利申请在爆发式增长的背后,是众多且重叠的专利堆叠而成的"专利丛林",这种稠密的专利网络使得技术商业化代价增加,必须获得多个专利权人的许可。也即,专利丛林构建了更高的技术壁垒,会抑制研发投入且放大专利权人的垄断势力,而市场中的跟随者,会为了穿越专利丛林,增加专利申请和运用行为,导致更为严重的专利丛林现象（马大明等，2012），专利丛林本质上是研发竞争的结果。由于专利的密集度高和重叠度高是专利丛林的基本特征，专利丛林将进一步导致敲竹杠、问题专利、交易成本增加等问题，引发技术市场失灵与效率低下。如特定产品所必须的互补性专利分归不同专利权人所有，涉及专利数越多，企业的交易成本就越高，同时可能由于价值与偏好问题导致专利权人间相互阻碍，导致专利无法得以有效利用而被闲置（Borgstedt et al.，2017）；专利重叠将带来技术特征接近的专利交叉重叠，专利权保护范围过宽促使专利许可数量增加（Burk and Lemley），也使得技术特征接近的专利间产生诸多摩擦甚至专利诉讼。专利丛林在专利竞赛的作用下，导致了大量问题专利、低质量专利的产生，处于竞争环境中的企业常常会利用专利局的信息不对称申请专利，诸如不符合专利质量要求、创造性与新颖性要求的申请，这种专利申请博弈是研发竞争博弈的延续，隐含着重大的道德风险（Marshall and Moral，1976），大量的低质量专利一方面增加了专利的筛选成本，另一方面也可能使得专利申请的信号传递作用被削弱。

3. 策略互动理论

竞赛行为理论是描述不同竞争格局下企业研发竞争的行为理论。莱茵甘纳（Reinganum，1983）认为知识外溢的存在导致企业专利竞赛中获得成功的概率，不仅取决于自身研发投入所获得的知识累积，也取决于从竞争对手处获取的研发信息，不同内容的信息与信息的充分程度会导致企业采取不同的策略行为。因此，企业只有充分获取并了解竞争对手的相关技术信息、研发信息、竞争策略信息，通过调整自身的研发策略才能成为最终获胜方（Grossman and Shapiro，1987；Cockburn and Henderson，1994）。于是，知识溢出导致了策略互动的形成，进而影响了多种竞争格局下的研发策略行为。既有研究中专利竞赛主要可以分为四种类型：无记忆模型、绝对先占模型、ε-先占模型、阶段动态博弈模型。无记忆模型是指研发成果与研发经验累积无关的模型。李和怀尔德（Lee and Wilde，1980）、莱茵甘纳（Reinganum，1981）以仅捕捉研发投入的视角，描述了企业在某时点获取研发成果并获得专利的概率，取决于企业前期研发费用而与研发经验无关，而达斯古普塔和斯蒂格利茨（Dasgupta and Stiglitz，1980）认为持续的研发投入能够获得研发经验的积累，进而获得专利竞赛的优势。绝对先占模型和 ε - 先占模型是指领先企业具有先发优势的情况，绝对先占是指领先企业具有绝对优势地位，而 ε - 先占是指微弱领先的企业只要领先也能够保持垄断。领先企业将通过保持先动优势而最终获取竞赛胜利，在绝对先占模型下，追随者很难通过技术创新实现"弯道超车"，因为研发经验的积累使得领先企业能够保持持续的领先；而在 ε - 先占模型下，微弱的竞争优势十分容易被"弯道超车"，在随时可能丧失领先地位的威胁下，领先企业更会持续地累积研发经验，导致更为激烈的竞争（Fudenberg and Gilbert，1983），此时行业领先企业的研发信息将被追随企业所参考并调整自身的研发策略。在 ε - 先占模型的基础上向多阶段延伸便形成了阶段动态博弈模型，将研发竞争的策略行为提升到企业战略行为的高度，如崔（Choi，1991）认为不确定市场将造成技术逐渐落后的企业失去研发投入的动力；福登伯等（Fudenber et al.，1985）认为发明的随机性、研发的保密行为可能会成为追随企业完成某一阶段的研究达成暂时领先的重要原因。当企业处于技术不确定性高、变化迅速的行业，"弯道超车"具有实现可能性时，企业所获得的投资激励大，也更愿意进行研发投资。

综上所述，专利信号传递理论、专利丛林理论以及策略互动理论基本都是建立在博弈模型的基础上，其基本现实基础是简化的企业竞争行为，但事实上，企业技术竞争无法区分某一个单独专利领域的竞争，而且创新过程是连续的，市场的优势地位可能也转瞬即逝，具有一定竞争优势的企业均会持续进行研发投入以累积研发经验与知识，试图持续保持竞争地位（Reinganum，1985），因此在现实中也难以或无法观测到企业的阶段性博弈特征、绝对性先占特征（百年老店的持续性先占极少）以及无记忆特征（无记忆特征不符合现实），因此，现有研究往往是通过分析领先企业与追随企业在某些特定行业领域的竞争为对象进行研究（Grabowski and Baxter, 1973; Meron and Richard, 1991; Lerner, 1997）。这也成为本书研究与设计的基础。

5.2.2 反垄断与研发投入外部性

上述专利竞赛理论与模型无一例外地以充分竞争为前提，而现实情况是，在转型经济体中，完全竞争的市场较少，市场竞争环境是需要逐步培育的，这也必然造成企业研发投入正外部性出现需要经历一定的过程。

社会转型理论指出，租金机制与市场机制在转型经济体中是相互演化的。处在经济转型时期的中国，其租金机制和市场机制呈现一种正面结合的状态而非负相关关系。按制度经济学 Coase、Williamson、张五常的观点，一个经济体的运行，其资源调配运行成本的高低与它的基础性制度的性质与结构直接相关，价格机制并不必然比租金机制的运行成本更低。中国在转型时期特殊的背景导致了市场机制要发挥作用就需要首先依赖租金机制，其基本原因是，转型经济体均是通过渐进式改革完成社会进化的，"渐进式"导致了改革必然有租金机制激励的路径依赖现象存在，而且市场化改革需要将官员手中稀缺的资源向市场释放，租金机制则提供了这一动力，否则官员将没有任何激励向市场主体提供资源释放。事实上，传统寻租理论所认为的"寻租的资源本可以用来生产社会福利的产品"，当处在市场准入权利掌握在官员手中的转型经济体时并不成立，大量的资源会被排除在市场之外。

当市场形成后，企业为了获得利润，会运用资源来寻租以"进入"市场，寻租是为了获得用以扩大生产的资源，政治官员会在市场中发现资源调配权的价值，也力图将政治权力"市场化"，致力于扶助和培育有利于增大自身租金价值的市场。于是，市场准入的"许可证"，一方面发给"寻租者",另一方面发给"政治裙带关系方",也造成了寻租企业、国有企业之外的无政企关系企业的经营困境,而这些企业却是带来技术革新的中坚力量。寻租企业与国有企业所获得的要素资源远胜于其他企业,几乎决定了其在市场中的竞争优势地位,他们通过支付租金以获取长期的政治资源倾斜,垄断地位的来源并非技术领先也自然失去了研发的自主动机。因此,在我国市场经济早期的研发投入呈现无序竞争甚至是厌恶竞争的状态,企业以寻租获取生存资源与优势地位。

在逐渐完成了政府"计划性资源"向市场、向社会转移的过程后,民营经济发展与竞争性行业的大量出现,市场经济的培育出现新的结构特征,租金机制将严重阻碍市场效率的进一步提升,而《反垄断法》的实施既是对既有行政垄断租金的挑战,也是由市场发挥其资源配置基础性地位的开始。"市场准入"是市场租金的源头,《反垄断法》将从两个方面影响市场准入租金。第一,行政垄断权力的限制。《反垄断法》明确划定了利用行政权力授予的特殊行政许可、歧视性行政收费价格、妨碍商品的地区间流动等阻碍商品和要素流动、设置进入门槛的政府行为或企业行为,切断了直接来源于行政权力的市场租金,减少企业非生产性寻利活动,降低寻租所消耗的企业资源;第二,经济垄断行为的限制。《反垄断法》对滥用市场支配地位等垄断行为进行了规制,限制了在位垄断企业利用非技术优势的垄断地位进一步干预市场竞争的可能。此时,市场环境的培育与市场租金的破除,促进了有序竞争的产生,并以技术竞争为核心获取市场地位,从而产生技术竞争的正外部性。

5.2.3 假设提出

策略互动理论指出,知识外溢的存在导致企业专利竞赛中获得成功的概率,不仅取决于自身研发投入所获得的知识累积,也取决于从竞争对手处获取的研发信息，企业只有充分获取并了解竞争对手的相关信息，适时调整自身的研发策略才能在竞争过程中制胜（Grossman and Shapiro，1987；Cockburn and Henderson，1994）。企业的研发决策不仅仅受到自身的研发投入意愿、研发投入能力的影响，也同样受到自身在竞争格局中地位、竞争对手研发投入甚至专利申请行为的影响。具体而言，企业在进行研发投入决策时需要考虑三个重要的因素，即研发投入的持续性、研发产出的稳定性与突破性、市场竞争地位的持续性。研发的持续投入是内部研发知识积累的重要因素，知识积累将极大地影响研发的成功率与突破性成果的产生可能，而技术竞争本质是市场地位的竞争，若不考虑知识积累与研发投入的外部性，企业将难以获取市场优势地位与"弯道超车"的可能。因此，研发的外部性是竞争中企业不得不考虑的重要因素。据此本书提出如下假设：

假设1：在同行业中企业的研发投入具有正空间相关性。

根据社会转型理论，良好的宏观环境、创新氛围、辅助创新条件等均会对企业研发带来正向的激励作用（杨风，2016）。以《反垄断法》为核心的反垄断政策通过优化竞争环境、营商环境、打破市场行政壁垒、维护市场竞争秩序等不断持续地优化企业竞争环境，破除市场租金，为企业提供研发所需的一切环境要素，使企业研发进一步降低政策风险、市场风险，有助于促进良性竞争秩序的形成。因此，企业间的研发投入空间相关性在《反垄断法》实施后将会显著提升。据此本书提出如下假设：

假设2：《反垄断法》实施后在同行业中企业的研发投入的空间相关性为正，且相比实施前有显著提升。

从竞赛信号传递理论与专利丛林理论出发，先占优势的宣告将可能引致两种冲突的结果。一方面，竞赛信号传递理论认为，专利申请的递交代表某项专利竞赛的终止，优先申请的企业以释放信号的方式宣告对专利的独占，能够劝退竞争者在同一领域的研发行为，也即专利申请对其他企业的研发投资行为具有负向的溢出效应。另一方面，在专利丛林理论下，由于专利的重叠以及低质量专利的大量充斥现象，即便某项专利由其他企业宣告申请，但仍可以利用专利局的信息不对称将技术重新包装申请，在专利申请数成为潜在差距衡量指标的背景下，竞争对手的专利申请数量可能成为刺激企业加大研发投入积极参与技术竞争的因素，从而出于研发赶超动机产生正向的溢出效应。据此本书提出假设：

假设3a：《反垄断法》实施后，企业研发产出对研发投入具有正的空间溢出效应。

假设3b：《反垄断法》实施后，企业研发产出对研发投入具有负的空间溢出效应。

根据策略互动理论与现实的结合，企业与竞争对手之间存在广泛的技术竞争，但是行业领导者（行业领先者）也会对其他企业的研发投入产生影响。先占模型指出，微弱领先优势的企业将可能被追随者企业以技术创新的形式"弯道超车"，因此，追随者会持续关注行业领导者的研发行为，一方面是保持与领导者的技术差距不要扩大，另一方面是在各方面条件具备的前提下伺机进行"超车"，于是形成了行业领导者对追随者研发投入的引领效应。据此本书提出假设：

假设4：行业领导者对追随者企业的研发投入具有正的空间溢出效应。

5.3 研究设计

5.3.1 样本选取

本研究所使用的数据均来自于国泰安（CSMAR）数据库、万得（WIND）数据库、锐思（RESSET）数据库。具体而言，上市公司财务数据、公司治理数据均来自于国泰安数据库，研发投入（R&D）基于国泰安数据库经由上市公司公告的年报、万得数据库、锐思数据库比较后进行补充。

本书选取 2004~2013 年 A 股上市公司，之所以选择这一区间是因为本书将《反垄断法》实施作为外生冲击，将时间区间划定为 2004~2008 年、2009~2013 年两个时间段进行比较，同时本书涉及了空间计量模型，对数据的平衡性有极高的要求，为满足（1）具有足够的公司个体的观测用于空间模型回归；（2）权重矩阵前后对称以具备更高的可比性，因此无法适用 2003~2018 年的完整区间进行估计。本书剔除了非制造业公司的观测、对样本进行了强制面板平衡（即所有变量不可有缺失，且每个公司的数据必须在每一年都有观测，因此损失了诸多观测，造成了空间计量领域的文章控制变量和观测数量均很少的普遍现象），共计得到 3160 个观测。为减轻异常值的影响，本书针对所有连续变量均采取了 1% 和 99% 百分位的缩尾处理。

5.3.2 空间计量模型设定

研发投入在行业内各个公司之间并非完全独立，不仅可能存在某个公司研发投入影响其他公司研发投入的现象，也可能存在影响研发投入的控制变量存在正或负的外部性导致影响其他公司研发投入。因此，忽略研发投入所伴随的空间相关性既无法捕捉公司之间的技术竞争，也会造成模型的错误设定。基于此，本书选用基于经济活动的空间计量分析技术来考察市场势力与研发投入之间的关系，并对反垄断是否影响技术市场竞争进行实际测度。

近年来，空间计量技术得到了长足的发展。从早期只包含空间因变量滞后的空间自回归模型（Saptial Lag Model，SAR）、只包含空间误差项自相关的空间误差模型（Spatial Error Model，SEM），发展到同时包含因变量空间自回归和误差项空间自相关的空间交叉模型（Kelejian - Prucha Model，SAC），再将自变量的空间相关效应加入到 SAR 模型中的空间杜宾模型

第5章 技术市场：反垄断、技术竞争与研发投入策略

（Spatial Durbin Model，SDM），以及将 SAR 模型和 SDM 模型向动态模型扩展所形成的 SAR dlag 和 SDM dlag 动态空间面板模型。

不同的空间计量模型所代表的经济含义也有所不同。SAR 模型假设因变量会通过空间相互作用对其他个体产生影响，举例而言，当某人受邀参与舞会，其去或不去的决策可能依赖与同被邀请的朋友应邀与否，当重要的朋友应邀时，将极有可能导致本人做出应邀决策；SEM 模型假定空间关联效应是随机冲击的结果，其主要通过误差项传导；SAC 模型同时考虑了上述 SAR 模型通过因变量构建的空间关联以及 SEM 模型通过误差项构建的空间关联，假定空间关联效应同时通过因变量和误差项传导；SDM 模型在 SAR 模型的基础上，加入了自变量的空间关联效应，就自变量的空间关联效应举例，某省的经济发展水平，可能不仅仅受益于当地的高铁网络建设水平，邻省的高铁网络建设水平也同样有外部性，可以促进本省的经济发展。动态空间面板模型将 SAR 模型和 SDM 模型向时间维度扩展，分别或同时对因变量以及因变量空间滞后项进行时间滞后，以刻画因变量受上一期因变量以及上一期其他个体空间效应的影响。

空间计量模型的设定所蕴含的经济含义有一定差别，但国内学者对空间计量模型的选择略显随意，直接选用 SAR 模型或 SEM 模型为主进行研究或使用 SDM 模型的自变量空间交互项系数作为空间溢出效应的表征，既不正确也缺乏严谨性。为获取拟合效果最优的空间计量模型，本书参考白俊红等（2017）的研究方法，使用 SAR—SAR（dlag）—SEM—SAC—SDM（dlag）的路径对模型进行设定和检验，建立如下的模型体系：

SAR 模型： $y_t = \rho W y_t + \beta X_t^{ctrl} + \varepsilon_t$ （公式 5.1）

SARdlag 模型： $y_t = \tau y_{t-1} + \varphi W y_{t-1} + \rho W y_t + \beta X_t^{ctrl} + \varepsilon_t$ （公式 5.2）

SEM 模型： $y_t = \beta X_t^{ctrl} + u_t;\ u_t = \lambda W u_t + \varepsilon_t$ （公式 5.3）

SAC 模型： $y_t = \rho W y_t + \beta X_t^{ctrl} + u_t;\ u_t = \lambda W u_t + \varepsilon_t$ （公式 5.4）

SDM 模型： $y_t = \rho W y_t + \beta X_t^{ctrl} + \gamma W X_t^{ctrl} + \varepsilon_t$ （公式 5.5）

SDMdlag 模型：$y_t = \tau y_{t-1} + \varphi W y_{t-1} + \rho W y_t + \beta X_t^{ctrl} + \gamma W X_t^{ctrl} + \varepsilon_t$（公式 5.6）

其中，ρ、λ、β、τ、φ 分别代表不同项的回归系数，ρ 和 λ 分别特指空间自相关系数和误差项空间相关系数，回归中以 rho 和 lamda 标记，β 为自变量的回归系数，τ、φ 分别代表因变量动态滞后项和动态空间滞后项的系数；X_t^{ctrl} 为所有自变量形成的向量；W 为空间权重矩阵。

上述公式间施加限定条件，可以达成公式互算。公式 5.2 和公式 5.6 是将因变量动态滞后项与动态空间滞后项分别放入 SAR 模型（公式 5.1）和 SDM 模型（公式 5.5）所得；SDM 模型（公式 5.5）施加限定条件 $\gamma = 0$，即可转变为 SAR 模型（公式 5.1）；SAC 模型（公式 5.4）施加限定条件 $\lambda = 0$，即可转变为 SAR 模型（公式 5.1）；SDM 模型（公式 5.5）施加限定条件 $\gamma = -\rho\beta$ 且 $\rho = \lambda$，即可转变为 SEM 模型（公式 5.3）。当 $\rho = \lambda = \gamma = 0$ 时，上述所有公式均可转变为普通 OLS 回归模型。本书研究情境下，空间计量模型设定如下（以 SAR 模型为例）：

$$rnd_{i,t} = \rho W rnd_{i,t} + \beta X_{i,t}^{ctrl} + \theta_i + \vartheta_t + \varepsilon_{i,t}$$ （公式 5.7）

该模型主要用以考察是否存在研发投入相互模仿相互竞争的关系，也即企业是否会随着竞争对手的研发投入而改变自身的研发投资决策。其中，rnd 为企业的研发投入密集度，以研发投入额占营业收入的比例度量，W 为基于市场势力的经济空间权重矩阵（具体见下文），X^{ctrl} 为一组控制变量，主要包括：资产总额的自然对数 size、负债总额占资产总额的比例 lev、净利润占总资产的比例 roa、固定资产占总资产的比例 ppe、净资产占企业流通市值的比例 bm、经营性现金净流量占总资产的比例 oncf、产权性质 soe（国有企业赋值 1，否则赋值 0）、第一大股东持股比例 tophold、企业上市天数除以 365 加 1 的自然对数 age、企业获取的政府补贴占营业收入的比例 subsidy；本章将第 4 章所涉及的地区层面控制变量给予剔除，主要原因为，本章不涉及地区空间权重，着重研究的是行业内的竞争关系，地区层面控制变量对权重矩阵影响微乎其微，而且引入地区维度会导致强数据面板平衡条件下的样本减少，为保证数据面板平衡以及尽可能多的保留观测，本章选择摒弃地区层面控制变量，主要涉及剔除的变量为：地区国内生产总值增速 gdp_g，地区人均国内生产总值 gdp_p，地区第二产业国内生产总值 gdp_s。此外，模型还控制了年度固定效应 ϑ_t 和空间个体固定效应 θ_i，并按公司层面进行了聚类，$\varepsilon_{i,t}$ 为模型残差。

5.3.3 核心变量设定

1. 企业市场势力

本书借鉴德勒克和沃津斯基（De Loecker and Warzynski，2012）和王贵东（2017）的做法测定企业的市场势力。这一方法的基本逻辑是，通过古典经济学理论以要素和最小化成本构建拉格朗日方程，将市场势力的测度转换成单个要素的产出弹性和单个要素的报酬份额的比值，分别计算要素弹性和份额占比，以此避开对要素价格和边际成本无法测度的问题。具体而言，分为四个核心步骤：

（1）公式变换。

当前企业的某要素价格 P_i^X 和产量 Q 给定，企业要通过选择要素 X_i 来最小化成本，可以构建拉格朗日方程：

$$L = \sum_{i=1}^{n} P_i^X X_i + \lambda(Q - Q(X)) \qquad （公式5.8）$$

公式 5.8 中，λ 反映了企业的边际成本 MC；X 为要素集合。对公式 5.8 中 X_i 求一阶导，可得：

$$P_i^X = MC \cdot \left(\frac{\partial Q(X)}{\partial X_i}\right) \Rightarrow \frac{P}{MC} = \left(\frac{\partial Q(X)}{\partial X_i} \cdot \frac{X_i}{Q(X)}\right) \bigg/ \frac{P_i^X \cdot X_i}{P \cdot Q(X)} = \frac{\varepsilon_{X_i}}{Share_{X_i}}$$

$$（公式5.9）$$

公式 5.9 中，ε_{X_i} 是要素 X_i 的产出弹性；$Share_{X_i}$ 为要素 X_i 的报酬份额。因此，利用单个要素产出弹性和报酬份额就能测算一个企业的市场势力，此时就绕过了企业产品价格和边际成本这两项私有而难以获取的信息。

（2）要素产出弹性 ε_{X_i} 估计。

要素产出弹性估计的主流方法为 OP 法（Olley and Pakes，1996）和 LP 法（Levinsohn and Petrin，2003），其区别在于 OP 法的被解释变量为工业增加值，而 LP 法则为工业总产值或工业增加值。为尽可能多地保留观测，本书选取 LP 法估计要素产出弹性。估计模型如下：

$$\ln Y_j = \mu + \alpha \cdot \ln L_j + \beta \cdot \ln K_j + \gamma \cdot \ln M_j + \varepsilon_j \quad （公式 5.10）$$

公式 5.10 中，下标 j 代表公司 j；Y 为工业总产值，以当期营业收入和当期存货的增加值度量；L 为劳动要素投入，以在编员工人数为度量；K 为资本投入，以期末固定资产净额为度量；M 为中间品投入，以（营业成本 + 销售费用 + 管理费用 − 折旧摊销 − 支付给职工及为职工支付的现金）为度量；L、K、M 三要素对应的 α、β、γ 分别为劳动、资本、中间品要素的要素产出弹性。本书对公式 5.10 进行分年度分行业回归（在制造业内，取前两位数字代码），以获取三种要素的产出弹性，以显著性水平选择采用何种要素来计算市场势力。

本书分年度分行业回归时对观测少于 30 的样本进行了剔除，总共进行了 331 次回归（1999~2018 年；全行业回归，制造业取 2 位代码）。回归结果显示，中间品投入 $\ln M$ 的系数 γ 的 331 次回归全部显著（留存备索），且绝大部分 t 值在 10 以上，显著性远超劳动 $\ln L$ 和资本 $\ln K$ 的系数，因此选用 M 为估计市场势力的估计要素，与此同时选用中间品投入 M 计算市场势力也避免了劳动 L 和资本 K 可能与要素价格扭曲的计算存在潜在内生性的问题。取 $\ln M$ 的回归估计系数的序列（共 331 个非重复值），记为 EP（elasticity of product）。

（3）要素报酬份额 $Share_{X_i}$。

要素报酬份额为单个要素与总产值的比值，因此 $Share_M = M/Y$。

(4)计算企业市场势力 monopower。

计算 $monopower = EP/Share_M$,于是得到公司—年度层面的市场势力 monopower。

2. 基于市场势力 monopower 的经济空间权重矩阵

空间计量发源于截面空间,而面板数据空间模型通过引入空间权重矩阵来定义研究单元之间的关联方式和关联程度,空间计量与普通 OLS 所区别的地方仅在于涉及空间权重矩阵的系数是否等于 0(即 $\rho = \lambda = \gamma = 0$)。因此空间权重矩阵几乎决定了空间计量的全部内容。通常而言,空间权重矩阵分为两类,地理空间矩阵和经济空间矩阵。地理空间权重矩阵是基于地理位置构造的,如车(Rook,地理共边)、相(Bishop,地理共角)、皇后(Queen,共边共角)、距离倒数次方权重矩阵,其依赖于地理数据,如武红(2015)、许和连和邓玉萍(2012)、龙小宁等(2014);但现实生活中并非地理位置越近某些关联就必然越大,尤其在经济领域,诸如以区域经济发展水平、人才流动等形成的经济距离形成权重矩阵能够更好地捕捉经济行为主体之间的联系,如巴丁格和埃格(Badinger and Egger,2008)的研究中基于两国贸易往来的进出口数据构造空间权重矩阵以获取双方不对称的贸易依存关系,于是由具体经济含义出发构造的经济空间权重矩阵成为空间计量中有别于地理空间矩阵的重要组成部分。

本书构造了基于市场势力(monopower)的经济空间权重矩阵 W,将权重矩阵 W 对因变量 rnd 进行加权,围绕企业 i 赋予市场势力相当的企业以更大的权重,反之赋之以更小的权重,以捕捉企业与自身势力相当的企业之间的研发竞争关系,因此,公式 5.7 中 $Wrnd$ 前的回归系数 ρ,代表了企业 i 的竞争者的 rnd 研发投入对企业 i 研发投入的影响,若该系数显著,则代表市场势力相当的企业之间存在研发投入竞争行为,$\rho > 0$ 说明企业间 rnd 研发投入存在相互模仿与促进作用,$\rho < 0$ 说明企业 rnd 研发投入存在相互抵制与抑

制作用。

本书借鉴空间权重矩阵构造的概念,将不同的企业之间基于市场势力定义其竞争距离,获取两两相关的权重要素 $w_{i,j}$,形成经济距离权重矩阵 W。当同行业中的两个企业市场势力越接近,$w_{i,j}$ 赋值越大,表明两者企业之间的竞争关系越激烈,当同行业中的两个企业市场势力相差越大,$w_{i,j}$ 赋值越小,表明两者企业之间的竞争关系越不激烈,当两者企业处于不同行业中时,$w_{i,j}$ 赋值为 0,表明默认假设处于不同行业的企业之间不形成竞争关系。基于此,本书定义的权重矩阵 W 如下:

$$w_{i,j} = 1 - \sqrt{\frac{(mp_i - mp_j)^2}{\sum_1^N (mp_i - mp_j)^2}} \ (i \neq j \text{ 且 } i,j \in \text{同行业}); \ w_{i,j} = 0(i,j \notin \text{同行业})$$

(公式 5.11)

公式 5.11 中,N 为行业中所有企业数加总,mp 为市场势力(*monopower*),$w_{i,j}$ 中根号部分展现的是企业 i 与行业中所有其他企业的市场势力之差的占比,企业 i 与企业 j 的市场势力 mp 之差越小,所得比值则越小,通过根号前"1-"转换,赋予市场势力接近的企业以更高的权重,来体现竞争关系。与此同时,当 i,j 分别属于不同行业时,$w_{i,j}$ 赋值为 0。因此,$w_{i,j}$ 越高代表市场势力越相近,具有对等的市场竞争关系,随着 $w_{i,j}$ 降低,市场竞争关系越疏远,直至企业 i 与企业 j 分属于不同行业,$w_{i,j}$ 赋值为 0。

关于权重矩阵仍有几点需要说明:第一,个体之间的影响权重矩阵并不必然要求具备对称或非对称影响,但个体对自身的影响必须设定为 0(未标准化矩阵);第二,权重矩阵必须经过标准化才能进行空间估计,本书所使用的标准化工具统一为行标准化(normalize row),将矩阵每一行的总和设定为 1;第三,同时囿于实践落后于理论发展,李和余(Lee and Yu,2012)、曲等(Qu et al.,2017)提出的时变空间矩阵(Time Varying Spatial Weights Matrices)尚无法通过 STATA 程序实现,因此,目前仅能基于截面空间权重矩阵进行空间估计；第四，由于空间权重为非时变矩阵，本书对空间矩阵的生成均需要通过"确定时间区间—取均值压缩时间维度—生成空间权重"的方式进行；第五，由于强制面板平衡会带来样本个体的减少，所以会出现一个行业内仅有一家公司独立存在而与其他所有样本公司无关联的"个体孤岛（Island）"问题，这类样本在权重矩阵生成时也同样予以剔除。

5.4 实证结果

5.4.1 描述性统计分析

表5.1为本书涉及主要变量的基本描述性统计情况。

表5.1 描述性统计表

变量名	观测数	均值	方差	最小值	P25	P50	P75	最大值
rnd	3160	0.007	0.016	0.000	0.000	0.000	0.003	0.088
monopower	3160	1.169	0.226	0.660	1.024	1.137	1.278	1.997
size	3160	21.744	1.076	19.537	20.999	21.652	22.377	24.948
lev	3160	0.493	0.175	0.097	0.372	0.500	0.623	0.864
roa	3160	0.031	0.060	-0.213	0.010	0.029	0.058	0.194
ppe	3160	0.280	0.154	0.041	0.162	0.243	0.377	0.686
bm	3160	0.937	0.863	0.078	0.354	0.643	1.255	4.889
oncf	3160	0.049	0.067	-0.131	0.009	0.046	0.085	0.248
soe	3160	0.710	0.454	0.000	0.000	1.000	1.000	1.000
tophold	3160	0.366	0.149	0.082	0.245	0.354	0.484	0.703
age	3160	10.822	4.242	2.060	7.668	10.719	13.755	20.189
subsidy	3160	0.007	0.012	0.000	0.000	0.003	0.008	0.079

表 5.1 列示了主要变量的描述性统计情况。因变量 *rnd* 均值为 0.007，且中位数在 0 附近，是由于上市公司披露的 *rnd* 数据存在缺失，在未强制面板平衡的样本中，每年约有 63.17% 的公司的研发投入是缺失状态，若全部将缺失值剔除，将导致在空间计量强制面板平衡的要求下无观测情况的出现（也即难以保证每个公司在研究区间内每一年都有研发投入数值），因此本书对缺失进行了补零处理，导致 *rnd* 数据分布中零占比超过 50%，均值与中位数均在零值附近的描述性统计现象。市场势力（*monopower*）均值与王贵东（2017）一致，说明 A 股公司样本为无偏样本，可以代表总体市场势力结构，其方差更小，分布更集中于均值附近。其余变量描述性统计情况均与既有研究变量无实质性差别。

5.4.2 实证结果与分析

1. 空间回归模型检验分析

表 5.2 展示了本书研究区间（2004~2013 年）中的平衡面板数据的空间计量回归结果，回归（1）为双向固定效应回归、回归（2）~（7）分别为 SAR、SAR dlag、SEM、SAC、SDM、SDM dlag 模型的回归结果。为便于辨认与分析，如无特殊说明，本书回归结果表中的 *rho*、*lambda*、*L. rnd*、*L. Wrnd* 分别代表公式 5.1~公式 5.6 中的 ρ、λ、τ、φ 四项系数，本书着重关注空间自回归系数 $rho(\rho)$ 的显著性。从表 5.2 结果中可以发现，空间计量回归（2）~（7）的空间自回归 *rho* 系数均在 1% 水平上显著，说明在我们的研究区间内，加入了空间自回归项可以对无空间自回归的模型（如 OLS、固定效应模型）进行系数修正。空间自回归项 *rho* 为正，说明企业之间存在着技术竞争，研发投入会随着竞争对手的投入扩张而扩张，这种扩张与竞争距离紧密相关，同行业内在与自身市场势力相当的企业之间将具有更为明显的传染效应。

第5章 技术市场：反垄断、技术竞争与研发投入策略

表 5.2　　　　　　　　　　空间计量模型与回归结果

模型	(1) xtreg	(2) SAR	(3) SAR dlag (3)	(4) SEM	(5) SAC	(6) SDM	(7) SDM dlag (3)
变量名	rnd	rnd	rnd	rnd	rnd	rnd	rnd
rho		0.518*** (10.36)	0.410*** (7.22)		0.352*** (4.94)	0.413*** (7.61)	0.316*** (5.06)
lambda				0.520*** (10.33)	0.267*** (3.25)		
L.rnd			0.402*** (8.07)				0.394*** (8.02)
L.Wrnd			0.461*** (4.45)				0.217** (2.11)
size	-0.000 (-0.32)	0.001 (1.04)	0.001 (0.96)	0.001 (0.95)	0.001 (0.99)	0.001 (1.17)	0.001 (1.01)
lev	0.000 (0.03)	-0.001 (-0.36)	-0.002 (-0.66)	-0.001 (-0.43)	-0.001 (-0.40)	-0.001 (-0.35)	-0.002 (-0.61)
roa	-0.019*** (-3.33)	-0.010** (-2.05)	-0.009* (-1.79)	-0.010** (-2.17)	-0.010** (-2.11)	-0.011** (-2.35)	-0.010* (-1.94)
ppe	0.002 (0.42)	-0.000 (-0.10)	0.000 (0.06)	0.000 (0.04)	-0.000 (-0.03)	-0.000 (-0.09)	-0.000 (-0.02)
bm	0.003*** (6.57)	-0.000 (-0.78)	-0.000 (-0.29)	-0.000 (-0.67)	-0.000 (-0.72)	-0.000 (-0.63)	-0.000 (-0.25)
oncf	0.009* (1.84)	0.004 (0.91)	0.002 (0.35)	0.004 (0.96)	0.004 (0.94)	0.005 (1.01)	0.002 (0.43)
soe	0.001 (0.61)	0.001 (0.45)	0.001 (0.36)	0.001 (0.46)	0.001 (0.46)	0.000 (0.32)	0.000 (0.24)
tophold	0.006 (1.41)	-0.002 (-0.47)	-0.003 (-0.63)	-0.003 (-0.65)	-0.002 (-0.57)	-0.001 (-0.22)	-0.001 (-0.20)
age	0.003*** (14.71)	-0.001 (-0.21)	-0.001 (-0.35)	-0.000 (-0.08)	-0.000 (-0.14)	-0.001 (-0.23)	-0.001 (-0.44)
subsidy	0.073** (2.30)	0.055** (2.17)	0.019 (0.68)	0.050* (1.91)	0.052** (2.01)	0.050** (1.97)	0.023 (0.80)

续表

模型	(1) xtreg	(2) SAR	(3) SAR dlag (3)	(4) SEM	(5) SAC	(6) SDM	(7) SDM dlag (3)
变量名	rnd	rnd	rnd	rnd	rnd	rnd	rnd
$W*size$						0.008*** (2.58)	0.007** (2.15)
$W*lev$						0.014 (0.82)	0.006 (0.36)
$W*roa$						-0.011 (-0.45)	-0.019 (-0.68)
$W*ppe$						-0.032 (-1.59)	-0.001 (-0.07)
$W*bm$						0.000 (0.05)	-0.001 (-0.49)
$W*oncf$						-0.009 (-0.42)	-0.011 (-0.46)
$W*soe$						-0.008 (-1.01)	-0.010 (-1.21)
$W*tophold$						0.082*** (3.04)	0.072** (2.50)
$W*age$						-0.032* (-1.84)	-0.035* (-1.93)
$W*subsidy$						0.180** (2.37)	0.059 (0.67)
Constant	-0.023 (-1.27)						
观测数	3160	3160	2844	3160	3160	3160	2844
R^2	0.264	0.076	0.208	0.001	0.028	0.180	0.157
个体数	316	316	316	316	316	316	316
个体固定效应	Yes	Yes	Yes	Yes	Yes	Yes	Yes
时间固定效应	Yes	Yes	Yes	Yes	Yes	Yes	Yes
个体层面聚类	Yes	Yes	Yes	Yes	Yes	Yes	Yes

注：括号内为Z统计量；*、**、***分别表示在10%、5%和1%的水平上显著。
资料来源：手工整理。

第5章 技术市场：反垄断、技术竞争与研发投入策略

事实上，样本是否存在空间相关性，其前提条件是通过 Moran I 检验，若 Moran I 检验无法通过，则无必要进行空间模型回归。因此，我们在进行空间模型回归之前进行了 Moran I 检验，检验结果列示于表 5.3 中。表 5.3 结果显示，Moran I 的 Z 统计量为 11.800，P 值为 0.000，在 1% 水平上显著，说明样本数据存在显著的空间相关性，即企业间的研发投入策略存在互动性与传染性。

表 5.3　　　　　　　　Moran I 检验与空间模型比较检验

检验	判别对象	统计量及统计值	P-value
Moran I 检验	是否存在空间自相关	Z = 11.800	0.000***
LR 似然比检验	SAR vs SAR dlag	LR Chi2 = -2035.350	1.000
LR 似然比检验	SAR vs SAC	LR Chi2 = 1.360	0.244
LR 似然比检验	SEM vs SAC	LR Chi2 = 2.390	0.122
赤池与贝叶斯信息准则	SAR ic vs SEM ic	SAR AIC = -19758.38　　SAR BIC = -19685.68 SEM AIC = -19757.35　　SEM BIC = -19684.65	
LR 似然比检验	SDM vs SDM dlag	LR Chi2 = -2046.960	1.000
LR 似然比检验	SAR vs SDM	LR Chi2 = 35.100	0.000***

注：*、**、*** 分别表示在 10%、5% 和 1% 的水平上显著；本质上 Moran's I 检验是区分普通 OLS 和空间计量模型的判别性检验，因此与模型比较检验放在同一张表。

2. 模型优劣判别分析

空间计量模型的选择尤为重要。不同的计量模型所表达的经济含义有所差别（白俊红等，2017；Anselin et al.，2004），选择计量模型应当尤为慎重。判别与选择空间计量模型一方面可以通过模型拟合度选择，另一方面也可以通过经济意义选择对应的模型。参照安瑟林等（Anselin et al.，2004）的判别规则，本书使用 LR 似然比检验与 IC 信息准则来对空间计量模型进行优劣排序，并结合经济意义筛选最优的计量模型。基本判别规则是，LR 似

然比检验适用于两个模型的变量存在包含与被包含关系的模型中，即 A 模型包含了 B 模型的所有变量，可以使用 LR 似然比检验，当结果拒绝原假设，应当选择 A 模型；当两个模型都有自己特有的变量时，LR 似然比检验不再适用，应当使用赤池信息准则（AIC）和贝叶斯信息准则（BIC）进行比较判断，通常应当选择信息准则数值最小的模型。

表 5.3 报告了空间模型的比较检验，SAR vs SAR dlag 中，LR 卡方值为 -2035.350，P 值为 1.000，同时未报告的 AIC 准则显示，SAR AIC = -19758.38，SAR dlag AIC = -17719.03，LR 检验和 AIC 均显示 SAR 模型更优；在 SAR vs SAC 和 SEM vs SAC 中，P 值分别为 0.244 和 0.122，接受原假设，应当选择变量数更少的 SAR 模型和 SEM 模型；随后 SAR ic vs SEM ic 的信息准则显示，SAR 具有更低的数值，应当选择 SAR 模型，此时便形成了 SAR > SEM > SAC > SAR dlag 的模型优劣序列。在 SDM vs SDM dlag 中，LR 卡方值为 -2046.960，P 值为 1.000，同时未报告的 AIC 准则显示，SDM AIC = -19773.48，SDM dlag AIC = -17722.53，LR 检验和 AIC 均显示 SDM 模型更优。至此形成了 SDM > SAR > SEM > SAC > SDM dlag > SAR dlag 的模型优劣序列。从经济意义出发，SDM 相比 SAR 模型多了一系列控制变量与权重矩阵的交乘项，由于该交乘项并非本书关注重点，也即控制变量是否通过竞争距离会产生外部效应并非本书关注重心，同时为了兼顾统计判别规则筛选的模型，后文将同时使用 SAR 与 SDM 模型进行进一步研究。

3. 反垄断对研发投入竞争的影响

表 5.4 展示了以《反垄断法》实施的 2008 年为界所区分的冲击前（$Post=0$）与冲击后（$Post=1$）的两个时间区间所显示的空间自相关系数 rho，需要说明的是，由于研究区间被冲击分割为 2 段，全区间生成平衡面板再按冲击点分割样本所获得的观测将小于先分割区间再按区间内生成平衡面板所获得的观测，本书将后者称为独立权重矩阵（将前者称为联合权重矩

阵),因为独立权重矩阵依赖于事先分割好的时间区间所形成的数据样本,因此两个时间段的样本量将随着进入权重矩阵的不同而导致样本量的差别,进而导致观测数并不相等,且全区间加总的观测数也将大于联合权重矩阵下的观测数。

表 5.4　　　　　　　　事件前后的独立回归(独立权重矩阵)

样本分组	Post = 0	Post = 1	Post = 0	Post = 1
模型	SAR	SAR	SDM	SDM
变量名	rnd	rnd	rnd	rnd
rho	0.068 (0.95)	0.493*** (8.78)	-0.119 (-1.23)	0.382*** (6.56)
size	-0.001 (-1.42)	0.001 (0.44)	-0.001 (-0.96)	0.001 (0.28)
lev	0.004 (1.58)	-0.010 (-1.42)	0.003 (1.36)	-0.009 (-1.33)
roa	-0.002 (-1.11)	-0.026** (-2.16)	-0.003 (-1.26)	-0.026** (-2.16)
ppe	-0.000 (-0.21)	-0.003 (-0.45)	0.000 (0.07)	-0.003 (-0.50)
bm	0.000 (0.64)	-0.002 (-1.05)	0.000 (0.63)	-0.001 (-0.64)
oncf	-0.002 (-0.80)	-0.005 (-0.77)	-0.002 (-0.67)	-0.005 (-0.70)
soe	0.000 (0.42)	-0.003 (-0.82)	0.000 (0.03)	-0.002 (-0.70)
tophold	0.001 (0.37)	0.017 (1.19)	0.001 (0.45)	0.019 (1.32)
age	0.001** (2.12)	-0.006* (-1.75)	0.001** (2.00)	-0.006 (-1.64)

续表

样本分组	Post = 0	Post = 1	Post = 0	Post = 1
模型	SAR	SAR	SDM	SDM
变量名	rnd	rnd	rnd	rnd
subsidy	0.022	0.074**	0.017	0.069*
	(1.21)	(1.97)	(0.94)	(1.88)
Wx	No	No	Yes	Yes
观测数	2065	2660	2065	2660
R^2	0.000	0.028	0.016	0.038
个体数	413	532	413	532
个体固定效应	Yes	Yes	Yes	Yes
时间固定效应	Yes	Yes	Yes	Yes
个体层面聚类	Yes	Yes	Yes	Yes

注：括号内为 Z 统计量；*、**、*** 分别表示在 10%、5% 和 1% 的水平上显著；Wx 项为 SDM 模型下权重矩阵与控制变量的交乘项，为节约篇幅，回归系数从略。

资料来源：手工整理。

表 5.4 的结果显示，从 SAR 模型和 SDM 模型中均可以发现，当时间为冲击前（Post=0）时，rho 的值为 0.068 和 -0.119，均不显著；当时间为冲击后（Post=1）时，rho 的值为 0.493 和 0.382，均在 1% 水平上显著。表 5.4 的结果说明，《反垄断法》实施后，企业研发投入从无序竞争向逐步重视自身竞争对手的研发投入转变，横向的研发投入比较机制在逐步实施与建立。

然而，由于 Post=0 和 Post=1 导致两个样本可能存在异方差，两个不同的回归之间的某项变量的系数可能存在不可比的现象，也即表 5.4 中呈现的 rho 在 post=0 不显著而 post=1 显著的结果中可能并无差异，因此需要更为严格的证据证明研发投入竞争在冲击后的确得到了显著性的提升。

4. 基于空间自回归系数的组间系数差异检验

检验基于空间自回归系数的组间系数差异，比较常见的是两种方法，即引入交乘项和似不相关回归。引起组间系数不可比的原因主要源自于两个假设无法满足：第一，所有控制变量的系数在两组之间无差异；第二，两组的干扰项具有相同的分布。当样本被切割成两组,即便满足完全随机条件,也无法保证两组干扰项分布和控制变量系数完全一致,因此,最优的解决方法便是引入交乘项,将分组因素与考察的自变量形成交乘项进入回归,由于回归使用的是同一个样本,应当具备相同的干扰项分布和控制变量,因此能够满足上述两项假设。另一种方法即似不相关回归,似不相关回归建立在两组样本的联合回归上(使用克罗内克积叠加矩阵),其将通过联立两组回归样本,采用 GLS 执行似不相关回归,并以比较均值的方式比较实验自变量的系数是否存在显著差异,STATA 中使用 suest 命令执行 SUR 估计。这两种方法的基本思路均是将分组样本纳入整个回归样本以满足具备干扰项具有相同分布的假设,但是这两种方法显然不适用于空间计量模型:(1)空间计量模型若引入交乘项,由于本书交乘的是由时间定义的 Post 项,权重矩阵 W 是不包含时间维度的二维截面矩阵,当 Post 项与权重矩阵 W 交乘时若使用克罗内克积生成三维矩阵(二维截面+一维时间),受限于无法运算时变权重模型,而无法最终获得回归结果;(2)suest 命令下对模型形式虽有一定的自由度但仍有限制,比如 xtreg、mlogit、probit、ologit 等均可以运算,但对空间计量模型并无适用性;(3)传统 STATA 命令下对 rho 项的识别均无能为力,rho 项的系数提取与比较往往更不可能。

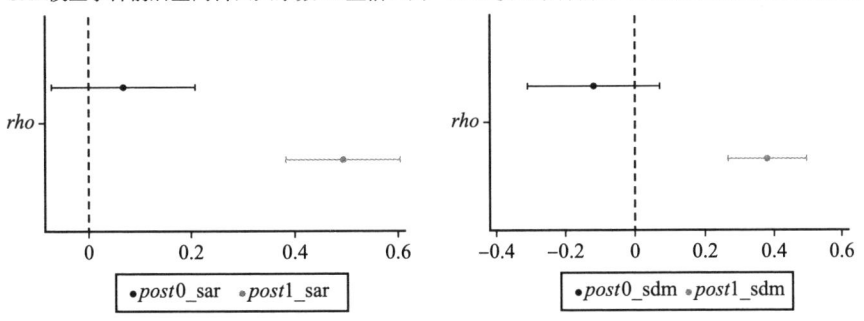

图 5.1 事件前后空间自回归系数 rho 置信区间图(独立矩阵)

资料来源:手工整理。

出于上述列示的诸多原因,本书将另辟蹊径对空间自回归系数进行组间系数差异检验,其一是比较置信区间法,其二是基于 Fisher 的组合检验法的空间自回归组间系数差异检验。比较置信区间法仅能作为辅助检验方法,其通过图形展示两组样本回归后 rho 的系数置信区间,查看其置信区间是否重叠来判断该系数是否有显著性差异。如图 5.1 所示,SAR 模型和 SDM 模型下均展示了事件前($post=0$)与事件后($post=1$)的 rho 置信区间未重叠,即两组间的 rho 系数存在显著性差异。

基于 Fisher 组合检验法(Fisher's Permutation Test)的空间自回归组间系数差异检验是第二种方法,也是本书对该基础方法的创新应用,克利里(Cleary,1999)曾使用该方法对融资约束公司(FC)与非融资约束公司(NFC)之间的"投资—现金流敏感性"系数是否存在显著差异进行检验。Fisher 组合检验法的基本思想是,将两组样本的回归系数 β_1 和 β_2 进行提取,生成 $d=\beta_1-\beta_2$,定义原假设 H0:$d=0$,假如我们能够知晓统计量 d 的分布,那么就可以用计算所得的 $\hat{d}=\hat{\beta}_1-\hat{\beta}_2$ 值,判断 $\hat{d}$ 在 d 分布中的相对位置,以确定 $\hat{d}$ 的发生是否为小概率事件,即若 $\hat{d}$ 处在 d 分布的尾部则是小概率事件,小概率事件的发生则应当拒绝原假设,也即两组系数具有显著性差异;若 $\hat{d}$ 处在 d 分布的非尾部则代表应当接受原假设。然而,统计量 d 的分布并不得而知,仅能通过自抽法(Bootstrap,BS 法)以重复抽样的形式从母体样本中获取经验样本,以足够多次的抽取来获得抽样的随机性,然后利用经验样本构造统计量 d 的分布,最终得到经验 P 值(Empirical P – Value)。具体而言,本书沿用这一思想,进行了 d 统计量和经验 P 值的计算,步骤如下:

步骤 1:获取联合权重矩阵样本。先对全区间进行面板平衡处理,再按事件划分为两组样本($Post=0$ 组和 $Post=1$ 组),这一步获得的样本称之为联合权重矩阵样本,数量(n_0+n_1 个观测)将严格少于独立权重矩阵样本,目的是自抽法下能从联合样本中随机抽样而避免因矩阵独立导致样本无法混合的问题，详见步骤3、4；

步骤2：获取真实系数差异。针对 Post = 0 组和 Post = 1 组的 $rho(\rho)$ 系数，分别获取分组回归下的 $\hat{\rho}_a$ 和 $\hat{\rho}_b$，并计算二者系数的真实差异 $\hat{d} = \hat{\rho}_a - \hat{\rho}_b$；

步骤3：将 Post = 0 组和 Post = 1 组的样本进行混合，获取 $n_a + n_b$ 个观测值所构成的样本 S；

步骤4：重新将样本 S 随机切成两组（需要指定随机数种子），保证两组的观测分别有 n_a 个和 n_b 个，分别记为 S_{1a} 和 S_{1b}；

步骤5：分别针对样本 S_{1a} 和 S_{1b} 生成空间权重矩阵 W_{1a} 和 W_{1b}，并进行空间回归估计，得到 $rho(\rho)$ 系数的估计值 $\hat{\rho}_0^{S_{1a}}$ 和 $\hat{\rho}_1^{S_{1b}}$，并计算二者差异 $d^{S_1} = \hat{\rho}_a^{S_{1a}} - \hat{\rho}_b^{S_{1b}}$；

步骤6：获得统计量 d 的分布。将步骤4和步骤5重复 K 次（本书设定 K 为1000），则可以得到 $\{d^{S_1}, d^{S_2}, \cdots, d^{S_K}\}$，$d^{S_j}$（$j = 1, \cdots, K$）即是 d 的经验分布；

步骤7：计算经验 P 值。$\hat{p} = \dfrac{\text{sum}(\text{count}(d^{S_j} > \hat{d}))}{K}$（$j = 1, \cdots, K$）

其中，$\text{sum}(\text{count}(d^{S_j} > \hat{d}))$ 项是将统计量 d 的经验分布中每一项与真实差异 $\hat{d}$ 进行比较，将 $d^{S_j} > \hat{d}$ 的个数进行加总，经验 $\hat{p}$ 即是 K 次抽样中出现小概率事件 $d^{S_j} > \hat{d}$ 的次数占比，若 $\hat{p} < 0.1$，则可以在10%水平上拒绝原假设，表明两组系数差异是显著的。

Fisher 组合检验对于模型设定和假设条件都是最为宽松的，但是其要求经验样本是从母体样本中随机抽取形成，事实上，完全随机很难做到，为了克服这一弊病，本书在原设定 $K = 1000$ 次的基础上，利用人为随机指定 STATA 随机数种子号，来生成2000个（K 次的双倍）平均随机数并按顺序标记 1~2000 的序号，并按50%为界逐个分配入1（超过50%则选中）和0（小于等于50%则不选中）两组，并以此决定1000次循环的随机数种子序号。举例而言，先指定随机数种子1065602生成2000个观测的序列，生成序号并按随机值分配判断值，观测 1~10 的判断值为 {0, 1, 0, 0, 0, 0, 0, 1, 0, 0}，那么抽样时应当抽取的随机数种子号为 seed2、seed8，以此保证由随机数决定随机数种子挑选的随机性。对于空间自相关系数的 Fisher 组合检验结果如表 5.5 所示。

表 5.5　　　　　　　　空间自相关系数 Fisher 组合检验

项目	$Post=0$	$Post=1$	$Post=0$	$Post=1$
模型	SAR	SAR	SDM	SDM
变量名	rnd	rnd	rnd	rnd
rho	-0.008	0.550***	-0.278***	0.259***
	(-0.10)	(9.98)	(-2.60)	(3.55)
90%置信区间（左）	-0.145	0.459	-0.453	0.139
90%置信区间（右）	0.129	0.641	-0.102	0.378
抽样次数	1000 次		1000 次	
经验 P 值	P-Value=0.077*		P-Value=0.000***	
随机数种子	Stata Seed=1065602		Stata Seed=1542382	
控制变量	Yes	Yes	Yes	Yes
Wx	No	No	Yes	Yes
观测数	1580	1575	1580	1575
R^2	0.000	0.042	0.013	0.170
个体数	316	315	316	315
个体固定效应	Yes	Yes	Yes	Yes
时间固定效应	Yes	Yes	Yes	Yes
个体层面聚类	Yes	Yes	Yes	Yes

注：括号内为 Z 统计量；*、**、*** 分别表示在 10%、5% 和 1% 的水平上显著；Wx 项为 SDM 模型下权重矩阵与控制变量的交乘项，为节约篇幅，回归系数从略。

表 5.5 展示了空间自相关系数的 Fisher 组合检验，基于自抽法抽样 1000 次，$Post=0$ 和 $Post=1$ 两组的系数差异在 SAR 模型下经验 P 值为 0.077，在

第5章 技术市场：反垄断、技术竞争与研发投入策略

10%水平上显著，在 SDM 模型下经验 P 值为 0.000 在 1% 水平上显著，因此，《反垄断法》实施后，企业研发投入从无序竞争向（SDM 模型显示为厌恶竞争）逐步重视自身竞争对手的研发投入转变，横向的研发投入比较机制在逐步建立与发挥作用，促成企业间的研发投入竞争与策略互动。

5. 研发产出对研发投入的空间溢出效应

研发产出作为研发行为的结果，丰富的创新成果既有可能会促进企业自身的研发投入意愿，也有可能进一步加速企业之间的研发投入竞争。研发产出是否会通过影响其他公司的研发产出以及研发投入形成研发产出的空间溢出效应？参照 He and Tian（2013）的研究，本书将研发产出以专利申请数 $Applynum$ 加 1 以后取对数来度量，具体公式为 $apply = \ln(Applynum + 1)$。研发产出对研发投入的空间影响回归结果如表 5.6 所示。

表 5.6　　研发产出对研发投入的空间影响

项目	全样本	Post = 0	Post = 1	全样本	Post = 0	Post = 1
模型	SAR	SAR	SAR	SDM	SDM	SDM
变量名	rnd	rnd	rnd	rnd	rnd	rnd
rho	0.509*** (10.12)	-0.010 (-0.12)	0.542*** (9.76)	0.399*** (7.22)	-0.293*** (-2.71)	0.139* (1.71)
$apply$	0.001*** (4.09)	0.000 (0.56)	0.002*** (2.89)	0.001*** (3.66)	0.000 (0.59)	0.002*** (3.08)
$W*apply$	— —	— —	— —	0.001 (1.07)	0.001 (0.86)	0.012*** (4.11)
Wx	No	No	No	Yes	Yes	Yes
控制变量	Yes	Yes	Yes	Yes	Yes	Yes
观测数	3160	1580	1575	3160	1580	1575
R^2	0.027	0.000	0.018	0.175	0.000	0.101

续表

项目	全样本	Post = 0	Post = 1	全样本	Post = 0	Post = 1
模型	SAR	SAR	SAR	SDM	SDM	SDM
变量名	*rnd*	*rnd*	*rnd*	*rnd*	*rnd*	*rnd*
个体数	316	316	315	316	316	315
个体固定效应	Yes	Yes	Yes	Yes	Yes	Yes
时间固定效应	Yes	Yes	Yes	Yes	Yes	Yes
个体层面聚类	Yes	Yes	Yes	Yes	Yes	Yes

注：括号内为 Z 统计量；*、**、*** 分别表示在 10%、5% 和 1% 的水平上显著；Wx 项为 SDM 模型下权重矩阵与控制变量的交乘项，为节约篇幅，回归系数从略。

资料来源：手工整理。

表 5.6 是研发产出对研发投入的空间影响，apply 作为核心的考察变量，在 SAR 模型和 SDM 下均展现出了对企业研发投入显著的正向影响（全样本回归系数均为 0.001，在 1% 水平显著），与此同时，这种影响在《反垄断法》实施后出现，系数均为 0.002，且在 1% 水平显著。这一结果说明研发产出对研发投入具有促进作用。SDM 模型的 $W*apply$ 项给出了更为研发产出通过矩阵 W 与竞争对手研发产出竞争的证据，在《反垄断法》实施后，$W*apply$ 项的系数为 0.012，且在 1% 水平显著。虽然系数显著，但 SDM 模型的回归系数并不能直接反映自变量研发产出对因变量研发投入的影响程度，因此需要进一步检验其直接效应、间接效应、总效应才能分离研发产出的正外部性，即溢出效应。

直接效应（DE，Direct Effects）表示某个体自变量对因变量的影响的大小，包括直接影响和反馈影响。直接影响是自变量 x 对因变量 y 的直接影响，影响量等同于空间计量模型（以 SDM 为例）下 x 的系数值；反馈影响是指个体的自变量通过权重矩阵影响其他个体的因变量，反过来又影响自身的因变量的效应。如某省高铁建设会带动周边省高铁建设，引发周边省公路客运的减少，又导致本省公路客运的减少。具体而言，直接效应是矩阵对角元素的平均值，若 $A^{\bar{d}}$ 表示矩阵 A 的对角线元素求行平均，此时直接效应 DE

可以表示为：

$$DE = \{(I-\rho W)^{-1} \times (\beta_k I + \theta_k W)\}^{\bar{d}}$$

间接效应（IE，Indirect Effects），又称空间溢出效应（SSE，Spatial Spillover Effects），用于度量与本个体临近的其他个体某自变量，对本个体因变量产生的影响。因此，空间溢出效应的判断应当通过间接效应的计算获得。具体而言，间接效应是矩阵非对角元素的行平均，若 $A^{\overline{rsum}}$ 代表矩阵 A 的非对角线元素的行均值，那么间接效应 IE 可以表示为：

$$IE = \{(I-\rho W)^{-1} \times (\beta_k I + \theta_k W)\}^{\overline{rsum}}$$

总效应（TE，Total Effects），是 DE 与 IE 之和，是某个体的某个自变量的变动对所有个体被解释变量的平均影响。

总而言之，直接效应是个体自身自变量对自身因变量的影响（区分为直接和反馈），间接效应是周边其他个体自变量对本个体因变量的影响。表 5.7 展示了研发产出的直接效应、间接效应、总效应。

表 5.7 研发产出的直接效应、间接效应、总效应

项目	全样本	Post = 0	Post = 1	全样本	Post = 0	Post = 1
模型	SAR	SAR	SAR	SDM	SDM	SDM
空间效应	rnd	rnd	rnd	rnd	rnd	rnd
apply_直接效应	0.001*** (4.01)	0.000 (0.58)	0.002*** (2.85)	0.001*** (3.71)	0.000 (0.58)	0.002*** (3.12)
apply_间接效应	0.001*** (2.99)	-0.000 (-0.06)	0.002** (2.25)	0.003 (1.41)	0.001 (0.82)	0.014*** (4.08)
apply_总效应	0.002*** (3.61)	0.000 (0.58)	0.004*** (2.59)	0.004* (1.89)	0.001 (0.98)	0.016*** (4.48)

注：括号内为 Z 统计量；*、**、*** 分别表示在 10%、5% 和 1% 的水平上显著。
资料来源：手工整理。

表 5.7 的效应分析显示，研发产出的直接效应和空间溢出效应在 SAR 模型下显著，表明研发产出不仅具有明显的直接效应，其引致的空间溢出效应对研发投入亦有显著的促进作用，《反垄断法》的实施，促使了这一溢出效应的产生。在 SDM 模型下也有类似的结论，即《反垄断法》实施后，研发产出具有了溢出效应。从空间溢出效应的占比来看，$Post=1$ 时的 SAR 模型下占比 50%、SDM 模型下占比 87.5%，说明竞争对手公司的研发成果将极大地影响本公司研发投入决策，技术竞赛不仅存在于研发投入资金量上，而且在研发成果领域也存在对应的激烈竞争，而这种变化是政策实施后带来的。总体结果表明《反垄断法》实施，研发成果的累积将进一步刺激研发投入的上升，而且竞争对手公司的研发成果与研发情况也会成为本公司进行研发投入决策的重要参考。

6. 行业领导者的标杆效应

企业研发投入决策可能并不仅仅受到竞争对手的研发情况影响，企业在进行绩效评价或对标分析时往往会考虑行业领导者的相关指标，以发现并明确与行业标杆的差距。为了捕捉行业领导者的标杆效应，参照上文经济距离的构造方法，构造了领导者距离权重矩阵 M。

领导者权重矩阵 M 是非对称矩阵，当定义出行业领导者后，唯有领导者能影响个体企业，而个体企业无法单独影响领导者。为了避免与竞争对手距离权重矩阵 W 在高市场势力区的冲突，本书对市场势力距离领导者企业越远的企业赋予更高的权重，代表市场弱势企业所受到的引领作用。权重矩阵 M 中的权重要素 $m_{i,j}$ 仅在同行业 $j=$ 领导者时方有权重值（$i \neq j$），其余权重均为 0，以体现领导者引领效应的单向性。基于此，本书定义的权重矩阵 M 如下：

$$m_{i,j} = \sqrt{\frac{(mp_i - mp_j)^2}{\sum_{1}^{N}(mp_i - mp_j)^2}} (i \neq j \text{ 且 } i,j \in \text{同行业且 } mp_j = \max(mp));$$

第5章 技术市场：反垄断、技术竞争与研发投入策略

$$m_{i,j} = 0 \quad (i = j \text{ 或 } i, j \notin \text{同行业或} mp_j \neq \max(mp)) \quad （公式5.12）$$

其中，N 为行业中所有企业数加总，mp 为市场势力（monopower），$m_{i,j}$ 中根号内展现的是企业 i 与企业 j（j 为领导者企业，在行业内具有最高的市场势力）的市场势力之差平方的占比，企业 i 与企业 j 的市场势力 mp 之差越小，所得比值则越小，所分配权重越小，也即引领效应越小（在后续嵌套权重中就表现为，引领效应越小，竞争效应更为突出）。

参照张征宇和朱平芳（2010）、凯斯等（Case et al.，1993）的做法，同时为了捕捉竞争对手研发竞争和行业领导者研发引领的两条路径，本书构建了基于经济距离的嵌套权重矩阵，即 $K(\psi) = \psi W + (1-\psi) M$，当 ψ 越接近1时，代表竞争对手研发竞争效应占主导作用，当 ψ 越接近0时，代表行业领导者研发引领效应占主导作用。为了查看不同的嵌套比例产生的变化，本书分别以 $\psi = \{0.1, 0.3, 0.5, 0.7, 0.9\}$ 来考察空间自回归系数、自变量系数的变化及其对空间溢出效应的影响。

表5.8展示了不同比例的嵌套权重矩阵回归的结果。

表5.8　　　　　　　　　不同比例的嵌套权重矩阵回归

Panel A：SAR 模型下不同比例的嵌套权重矩阵回归					
项目	$\psi = 0.1$	$\psi = 0.3$	$\psi = 0.5$	$\psi = 0.7$	$\psi = 0.9$
模型	SAR	SAR	SAR	SAR	SAR
变量名	*rnd*	*rnd*	*rnd*	*rnd*	*rnd*
rho	0.565*** (9.90)	0.525*** (10.07)	0.516*** (10.10)	0.510*** (10.12)	0.510*** (10.12)
apply	0.001*** (4.07)	0.001*** (4.08)	0.001*** (4.08)	0.001*** (4.08)	0.001*** (4.08)
$K * apply$	No	No	No	No	No
*apply*_直接效应	0.001*** (3.99)	0.001*** (4.00)	0.001*** (4.01)	0.001*** (4.01)	0.001*** (4.01)

续表

Panel A：SAR 模型下不同比例的嵌套权重矩阵回归

项目	$\psi=0.1$	$\psi=0.3$	$\psi=0.5$	$\psi=0.7$	$\psi=0.9$
模型	SAR	SAR	SAR	SAR	SAR
变量名	rnd	rnd	rnd	rnd	rnd
apply_间接效应	0.001*** (2.77)	0.001*** (2.93)	0.001*** (2.96)	0.001*** (2.98)	0.001*** (2.99)
apply_总效应	0.003*** (3.40)	0.002*** (3.56)	0.002*** (3.59)	0.002*** (3.60)	0.002*** (3.61)
$K*$控制变量	No	No	No	No	No
控制变量	Yes	Yes	Yes	Yes	Yes
观测数	3160	3160	3160	3160	3160
R^2	0.035	0.028	0.027	0.027	0.027
个体数	316	316	316	316	316
个体固定效应	Yes	Yes	Yes	Yes	Yes
时间固定效应	Yes	Yes	Yes	Yes	Yes
个体层面聚类	Yes	Yes	Yes	Yes	Yes

Panel B：SDM 模型下不同比例的嵌套权重矩阵回归

项目	$\psi=0.1$	$\psi=0.3$	$\psi=0.5$	$\psi=0.7$	$\psi=0.9$
模型	SDM	SDM	SDM	SDM	SDM
变量名	rnd	rnd	rnd	rnd	rnd
rho	0.437*** (6.94)	0.410*** (7.16)	0.404*** (7.20)	0.401*** (7.21)	0.399*** (7.21)
apply	0.001*** (3.65)	0.001*** (3.66)	0.001*** (3.66)	0.001*** (3.66)	0.001*** (3.66)
$K*apply$	0.001 (0.85)	0.001 (0.99)	0.001 (1.03)	0.001 (1.05)	0.001 (1.06)
apply_直接效应	0.001*** (3.69)	0.001*** (3.70)	0.001*** (3.71)	0.001*** (3.71)	0.001*** (3.71)
apply_间接效应	0.003 (1.17)	0.003 (1.32)	0.003 (1.37)	0.003 (1.39)	0.003 (1.41)
apply_总效应	0.004 (1.56)	0.004* (1.78)	0.004* (1.84)	0.004* (1.87)	0.004* (1.88)

第5章 技术市场：反垄断、技术竞争与研发投入策略

续表

Panel B：SDM 模型下不同比例的嵌套权重矩阵回归

项目	$\psi=0.1$	$\psi=0.3$	$\psi=0.5$	$\psi=0.7$	$\psi=0.9$
模型	SDM	SDM	SDM	SDM	SDM
变量名	rnd	rnd	rnd	rnd	rnd
Kx	Yes	Yes	Yes	Yes	Yes
控制变量	Yes	Yes	Yes	Yes	Yes
观测数	3160	3160	3160	3160	3160
R^2	0.179	0.176	0.175	0.175	0.175
个体数	316	316	316	316	316
个体固定效应	Yes	Yes	Yes	Yes	Yes
时间固定效应	Yes	Yes	Yes	Yes	Yes
个体层面聚类	Yes	Yes	Yes	Yes	Yes

注：括号内为 Z 统计量；*、**、*** 分别表示在 10%、5% 和 1% 的水平上显著；Kx 项为 SDM 模型下权重矩阵与控制变量的交乘项，为节约篇幅，回归系数从略。

表 5.8 Panel A 和 Panel B 分别展示了全样本下 SAR 模型、SDM 模型下的嵌套权重矩阵 K 的空间回归，两个模型下 rho 系数均为正且均在 1% 水平下显著，尤其是分别当 $\psi=0.1$ 和 0.9 时，rho 为正值且显著，说明竞争对手研发竞争效应和行业领导者引领效应两条路径同时存在，个体企业既会受到竞争对手研发投入的影响又会受到行业领导者的研发引领。按 ψ 从 0.1 扩大至 0.9 的顺序来看，在行业领导者引领矩阵 M 占主导地位的基础上，逐渐加大竞争对手矩阵 W 的比重，rho 显著性上升且系数下降，说明领导者引领效应被竞争对手竞争效应部分地替代了，由于两个矩阵间并没有产生方向一致的协同效应，导致 rho 系数值不断下降，分别下降了 0.055（0.565 - 0.510）和 0.038（0.437 - 0.399），说明当横向研发竞争激烈时，纵向引领作用会被削弱，当纵向引领突出时，横向研发竞争会相对趋缓，但从嵌套后的 rho 系数看，横向竞争效应与纵向引领效应联合能够带来空间关联，且均为促进研发投入的关联。

为了进一步探究嵌套矩阵 K 之下,《反垄断法》实施带来的前后变化,本书将 ψ 取中间值 0.5 来定义矩阵 K,以两种效应相同的比重进入回归,一方面是因为无法确定最优的 ψ(系数上升而显著性下降),另一方面是现实情况中两种效应可能同时存在,应当联合考察,因此指定两者对等的权重进行嵌套与混合。表 5.9 展现了对等效应下嵌套权重矩阵的空间回归结果。

表 5.9　　$\psi=0.5$ 下事件前后的嵌套权重矩阵回归

项目	Post = 0	Post = 1	Post = 0	Post = 1
模型	SAR	SAR	SDM	SDM
变量名	rnd	rnd	rnd	rnd
rho	-0.011 (-0.13)	0.550*** (9.77)	-0.301*** (-2.75)	0.142* (1.73)
apply	0.000 (0.56)	0.002*** (2.89)	0.000 (0.59)	0.002*** (3.06)
K * apply	— —	— —	0.001 (0.89)	0.012*** (4.04)
apply_直接效应	0.000 (0.58)	0.002*** (2.85)	0.000 (0.58)	0.002*** (3.10)
apply_间接效应	-0.000 (-0.06)	0.002** (2.24)	0.001 (0.85)	0.014*** (4.01)
apply_总效应	0.000 (0.58)	0.004*** (2.58)	0.001 (1.01)	0.016*** (4.40)
rho90% 置信区间(左)	-0.150	0.457	-0.482	0.007
rho90% 置信区间(右)	0.129	0.642	-0.121	0.278
Kx	No	No	Yes	Yes
控制变量	Yes	Yes	Yes	Yes
观测数	1580	1575	1580	1575
R^2	0.000	0.019	0.008	0.107
个体数	316	315	316	315

第5章 技术市场：反垄断、技术竞争与研发投入策略

续表

项目	Post = 0	Post = 1	Post = 0	Post = 1
模型	SAR	SAR	SDM	SDM
变量名	rnd	rnd	rnd	rnd
个体固定效应	Yes	Yes	Yes	Yes
时间固定效应	Yes	Yes	Yes	Yes
个体层面聚类	Yes	Yes	Yes	Yes

注：括号内为 Z 统计量；*、**、*** 分别表示在10%、5%和1%的水平上显著；Kx 项为 SDM 模型下权重矩阵与控制变量的交乘项，为节约篇幅，回归系数从略。

表 5.9 结果显示，无论是在 SAR 模型还是在 SDM 模型下，企业在《反垄断法》实施前后从无序研发竞争（或厌恶研发竞争）逐渐向建立标杆比较转变，在横向竞争和纵向引领的双重作用下，更为注重竞争对手与行业领导者的研发行为，并通过改变研发策略来与之竞争。因此，《反垄断法》实施后，研发投入竞争机制逐渐建立，其参考的信息不仅仅是竞争对手、行业领导者的研发策略，也同样注重研发成果的相互比较、学习与竞争，SDM 模型中 $apply$、$K*apply$ 显著，且 $apply\_$直接效应、$apply\_$间接效应为正且均在 1% 水平上，均说明了研发成果对研发策略的正外部性结果。

总之，《反垄断法》实施后，企业间外部研发比较机制逐步建立，技术竞争趋于激烈化，横向竞争对手研发竞争和纵向行业领导者引领两种效应同时存在，深刻地改变着企业在技术竞争市场中的地位与格局。

5.4.3 稳健性检验

为保证本书结果的稳健与尽可能地解决内生性问题，本书进行了诸多稳健性检验以减轻内生性担忧等，稳健性检验结果并未改变本书的主要结论。

1. 改变事前年度为2007年、2008年

2007年1月1日《新会计准则》实施导致此时点之前与之后研发投入

相关的数据来源的科目不同,为避免数据采集源头差异带来的影响,本书将事件前年度限定在2007年、2008年(这也导致了样本量的大量缩减以及权重矩阵在时间上的不对称性),以此考察《反垄断法》实施前后的空间自相关系数差异。改变事前年度为2007年、2008年的空间回归结果如表5.10所示。

表5.10　改变事前年度为2007年、2008年的空间回归结果

Panel A:事件前后的独立回归(独立权重矩阵)				
样本分组	Post = 0	Post = 1	Post = 0	Post = 1
模型	SAR	SAR	SDM	SDM
变量名	rnd	rnd	rnd	rnd
rho	-0.541*** (-2.74)	0.493*** (8.78)	-2.645*** (-4.78)	0.382*** (6.56)
size	0.003 (1.11)	0.001 (0.44)	0.006* (1.81)	0.001 (0.28)
lev	-0.007 (-1.16)	-0.010 (-1.42)	-0.019** (-2.42)	-0.009 (-1.33)
roa	0.002 (0.30)	-0.026** (-2.16)	0.001 (0.07)	-0.026** (-2.16)
ppe	0.011 (1.57)	-0.003 (-0.45)	0.013* (1.77)	-0.003 (-0.50)
bm	-0.000 (-0.27)	-0.002 (-1.05)	0.002 (1.38)	-0.001 (-0.64)
oncf	-0.000 (-0.04)	-0.005 (-0.77)	0.003 (0.36)	-0.005 (-0.70)
soe	-0.005* (-1.81)	-0.003 (-0.82)	-0.009* (-1.91)	-0.002 (-0.70)
tophold	-0.003 (-0.23)	0.017 (1.19)	0.002 (0.09)	0.019 (1.32)
age	0.004*** (3.09)	-0.006* (-1.75)	0.007 (0.95)	-0.006 (-1.64)

第 5 章　技术市场：反垄断、技术竞争与研发投入策略

续表

Panel A：事件前后的独立回归（独立权重矩阵）				
样本分组	Post = 0	Post = 1	Post = 0	Post = 1
模型	SAR	SAR	SDM	SDM
变量名	rnd	rnd	rnd	rnd
subsidy	0.017 (0.21)	0.074 ** (1.97)	0.001 (0.01)	0.069 * (1.88)
Wx	No	No	Yes	Yes
观测数	1138	2660	1138	2660
R^2	0.034	0.028	0.003	0.038
个体数	569	532	569	532
个体固定效应	Yes	Yes	Yes	Yes
时间固定效应	Yes	Yes	Yes	Yes
个体层面聚类	Yes	Yes	Yes	Yes

Panel B：事件前后的联合回归（空间自相关系数 Fisher 组合检验）				
样本分组	Post = 0	Post = 1	Post = 0	Post = 1
模型	SAR	SAR	SDM	SDM
变量名	rnd	rnd	rnd	rnd
rho	−0.200 (−1.46)	0.544 *** (9.85)	−0.779 *** (−39.44)	0.312 *** (5.12)
90% 置信区间（左）	−0.426	0.453	−0.812	0.211
90% 置信区间（右）	0.025	0.634	−0.747	0.412
抽样次数	1000 次		1000 次	
经验 P 值	P − Value = 0.039 **		P − Value = 0.000 ***	
随机数种子	Stata Seed = 1293112		Stata Seed = 1772390	
控制变量	Yes	Yes	Yes	Yes
W * 控制变量	No	No	Yes	Yes
观测数	804	2000	804	2000
R^2	0.032	0.000	0.002	0.112
个体数	402	400	402	400
个体固定效应	Yes	Yes	Yes	Yes
时间固定效应	Yes	Yes	Yes	Yes
个体层面聚类	Yes	Yes	Yes	Yes

注：括号内为 Z 统计量；*、**、*** 分别表示在 10%、5% 和 1% 的水平上显著；Wx 项为 SDM 模型下权重矩阵与控制变量的交乘项，为节约篇幅，回归系数从略。

表 5.10 Panel A 和 Panel B 的 *rho* 系数显示，无论是独立矩阵还是联合矩阵，2007 年与 2008 年组成的事件前年度的空间回归均呈现无空间自相关或负空间自相关，而事件后年度的空间自相关则呈现显著的正相关，这可以说明在《反垄断法》实施之前企业之间的研发投入是无序竞争或厌恶竞争状态，而《反垄断法》实施后由于竞争环境的持续改善使得企业之间开始注重研发投入的竞争，产生正向的外部性。这与本书主结论相适，本书结论具有稳健性。

2. 研发产出对研发投入策略的内生性检验

本书存在的内生性问题主要集中在以研发产出作为自变量，与研发投入策略形成的互为因果的关系，研发产出即可能导致研发投入变化，而研发投入也会直接引起研发产出改变，为了克服这一内生性问题，本书采用空间 SAR 模型的空间 GMM 方法对模型进行稳健性检验。在应用空间 GMM 时，工具变量的选择至关重要，克勒建和普鲁查（Kelejian and Prucha, 1998）研究表明，$W_n(I_n - \delta W_n)^{-1} X_n \beta$ 在理论上是比较理想的工具变量，使用这一工具变量缓解内生性的做法也同样得到了余泳泽和刘大勇（2013）、白俊红等（2017）的应用与进一步验证。由于这一工具变量中的 δ 无法提前得知，所以应当选用关注的实验变量 X 与空间矩阵 W 的乘积项 WX 来作为空间 GMM 估计的工具变量。研发产出对研发投入策略的空间 GMM 回归结果如表 5.11 所示。

表 5.11 研发产出对研发投入策略的空间 GMM 回归结果

样本分组	Post = 0	Post = 1
模型	SpGMM + SAR	SpGMM + SAR
变量名	*rnd*	*rnd*
rho	-0.142 (-0.68)	0.595*** (4.58)
l_rnd	-0.053 (-0.44)	2.256*** (8.51)

第5章 技术市场：反垄断、技术竞争与研发投入策略

续表

样本分组	Post = 0	Post = 1
模型	SpGMM + SAR	SpGMM + SAR
变量名	rnd	rnd
IV	0.042 (1.32)	0.009* (1.67)
Controls	Yes	Yes
rho 90%置信区间（左）	−0.486	0.381
rho 90%置信区间（右）	0.203	0.809
观测数	1264	1260
R^2	0.047	0.296
个体数	316	315
个体固定效应	Yes	Yes
时间固定效应	Yes	Yes
个体层面聚类	Yes	Yes

注：括号内为T统计量；*、**、***分别表示在10%、5%和1%的水平上显著。
资料来源：手工整理。

表5.11的空间GMM回归结果显示，以W_x为工具变量的IV项在SAR模型下事件前年度系数为0.042，未通过显著性检验，事件后年度的系数为0.009，在10%水平上显著，说明在剥离互为因果的内生性之后，事件后研发产出能够对研发投入策略产生显著影响，即反垄断促进了研发产出对研发投入策略的影响。rho的显著性与本书主回归结果保持一致，并未改变结论。与此同时，GMM回归同时报告了rnd的时间滞后项对rnd的影响，结果显示，事件前的l_rnd系数为−0.053不显著，事件后系数为2.256在1%水平上显著，进一步说明了研发投入逐渐出现了明显的知识积累现象，研发投入依赖往期知识积累程度决定投入金额，这从另外一个角度揭示了研发投入溢出效应产生的原因，即反垄断后，营商、竞争、研发环境的变化使得企业注重研发投入，研发投入的增加导致了知识累积现象的出现，知识积累往往具有外部性，加速了研发投入外部竞争的出现。

5.5 本章小结

伴随着我国反垄断政策的逐步推进与营商环境的逐步改善，市场环境的优化为企业研发创造了优渥的条件，企业逐步注重研发策略的制定与研发成果的维护与积累，并主动参与技术市场的研发竞争。本书考察了企业间研发竞争行为，查看企业间研发模仿与竞争是否存在空间竞争溢出效应，终而促进企业间研发投入的互动性增长。我们通过分析2008年前后五年的区间上市公司研发投入的空间自相关系数，在经历模型判别、构建基于Bootstrap的Fisher组合检验、溢出效应检验、嵌套权重矩阵回归等系列分析过程，对企业的横向竞争对手研发竞争效应和纵向行业领导者引领效应两条渠道进行了检验。主要发现有：

竞争对手之间的研发投入竞争自《反垄断法》实施后产生，且存在显著的空间相关性。企业与企业之间以市场势力联结，其进行的经济活动并非是随机独立的，还会受到其他企业之间的影响。Moran I 指数及其空间回归模型 SAR、SDM 的 rho 系数正显著均能说明，企业在面对与自身市场势力接近的企业时，会展现出更为明显的研发竞争行为，即自身的研发投入不仅仅由自身投入意愿与能力所决定，而且受到竞争对手研发投入资金量的外部影响，双方的相互影响促进了研发竞争机制的形成，至此，研发策略不再单单是企业个体内部的长短期资源分配的事项，而是一项受到外部制约或刺激的决策行为。

不仅市场势力相当的竞争对手之间存在研发竞争效应，行业领导者也会产生研发投入的引领作用。在嵌套权重矩阵中，横向的竞争对手研发竞争效应与纵向的行业领导者引领效应同时存在，同样具有正的空间相关性。与此同时，其他企业的研发产出也会对本企业的研发投入产生研发溢出效应。这就说明，企业之间的研发策略从内部决策转向外部对标、从研发投入兼顾创新产出，可以看到企业之间的研发竞争方式发生了深刻的改变。因此需要通过反垄断进一步打破市场壁垒，优化营商环境，为企业研发竞争创造更好的竞争舞台，实现良性的竞争态势，提高我国企业的研发与创新能力。

| 第 6 章 |

中间品市场：反垄断、纵向竞争与研发投入策略

6.1 引言

随着市场化改革的逐步推进与反垄断政策竞争效应的逐步发挥，我国的下游行业已经基本实现了完全竞争或者接近完全竞争的市场状态，而上游行业仍然存在寡头垄断的状态（刘瑞明、石磊，2011；Li et al.，2014）。按垄断来源来看，上游行业的垄断势力主要形成于行政权力，行业准入限制、地方保护主义以及信贷资源倾斜等均是上游垄断势力的源头。但是，事实上旨在促进公平竞争、改善竞争环境的反垄断政策，在具体行政执法层面也出现了倾向性，反垄断执法严重倾向于下游行业。反垄断的执法倾向性会不会改变下游行业的竞争地位，会不会改变下游行业的研发能力与研发意愿？本章试图从纵向竞争视角，探究企业所在产业链位置，在反垄断倾向性执法下对研发投入策略的影响。

第6章 中间品市场：反垄断、纵向竞争与研发投入策略

6.2 理论基础与研究假设

6.2.1 理论基础

古典经济理论在研究传统的市场垄断问题时是基于资源配置最优和社会福利最大化对企业竞争行为进行分析的，其需要利用最极端且完美的"基准"作为参考系来分析现实情况与之的差距。但是当将单层的市场扩展到多层次的纵向产业链结构时，分析市场效率的比较基准出现了演化，出现了"双重加价基准"和"纵向一体化基准"，不同的比较基准对研究的结论将会产生不同的影响。在"双重加价基准"下，纵向分离的市场结构中每一层的企业都进行垄断加价会导致最终产品价格过高，而产业链企业所获得的利润并非是产业链最优利润，此时，这一"双重加价"问题会导致资源错配与效率损失。"双重加价"构成了纵向分析企业关系的基础，如斯宾格勒（Spengler, 1950）认为转售价格维持可以消除纵向市场结构下的双重加价，因而可以增加消费者剩余，提高市场效率；但在双重转售价格维持的情境中，不仅不能消除双重加价的效果，甚至可能在辅产品上产生新的双重加价问题（甄艺凯，2016）。在产业集群关系中，基于产业链的连续垄断行为会导致最终产品价格上涨、产量萎缩，且链条越长则情况越糟糕（赵骅和周洪祥，2008）。我国药品流通行业作为多层加价的典型，在流通环节引入竞争可以减缓价格的扭曲作用（孙飞，2013）。因此，诸多文献均认为，抑制双重加价在一定程度上可以为整个产业链带来效率和社会福利的提升，斯宾格勒（Spengler, 1950）以双重加价为比较基准为纵向一体化进行理论辩护，形成了纵向控制理论。

同样有诸多文献是以纵向一体化为基准开展研究的。卡茨（Katz,

1989）分析了商品纵向销售关系中双方的合同关系，将最终产品市场和中间产品时间区分，认为中间品市场交易规模大且买家老练、具有更复杂的道德风险问题，而上游产品的销售合同（纵向控制）将影响下游企业产品的市场博弈，因此上游可以通过复杂的定价机制和非价格的合同条款影响下游企业行为。沙弗（Shaffer，1991）研究了生产商竞争零售商的货架空间问题，在这种竞争环境中，生产商将以更高的批发价格入驻货架，零售商以收取入场费的方式获得返还利润从而维持均衡。当单个供应商的批发价不可观测时，转售价格维持就出现了，转售价格维持虽然比边际成本定价更糟，但其产生的盈余至少优于入场费均衡。雷伊和韦尔盖（Rey and Vergé，2010）同样对纵向转售价格维持行为进行了研究，认为转售价格维持具有限制竞争效果，本身是违法的，通过竞争性的厂商由同一零售商分销的情景，发现终端价格既受到上游、下游两个层面的竞争程度影响，也受上下游合同条款的影响，进而证明了转售价格维持确实损害竞争，甚至产生整个行业的垄断定价问题。

可见，无论是单独决策还是一体化决策，企业的最终目的是获取利润最大化，其所延伸的横向市场垄断、纵向控制等均是为了利润所服务。与之相反，经济学研究则着眼于资源配置效率最大化和社会福利最大化，也就出现了企业价值目标和社会价值目标的分离问题。李世杰和李伟（2019）在上述比较基准的基础上，提出了"双重比较基准"，即通过以垄断为目标的企业行为基准来分析企业行为动机，而以完全竞争为目标的市场效率与社会福利基准来分析经济活动造成的结果与价值判断。这为本书同时分析反垄断政策与纵向结构情境提供了重要的理论基础。

单层市场下，企业的行为基准是以利润最大化为根本目标，以实现垄断为基本方式，而市场效率目标则是以实现完全竞争以优化资源配置和最大化社会福利，以反垄断为主的竞争政策发挥的作用即是抑制市场出现破坏竞争的行为，改变竞争格局，提高垄断实施的成本与发挥作用的空间。但到了多层的纵向市场环境下，单层的利润最大化并不能带来纵向市场中的利润最大

第6章　中间品市场：反垄断、纵向竞争与研发投入策略

化，因此企业行为从追求独立的单层利润最大化向以纵向控制达成纵向利润最大化转变，虽然纵向控制既能通过引起客观的效率损失（如转售价格控制）又能一定程度缓解单层行为模式下的不理性（如双重加价），但企业追求利润最大化的行为基准没有变。同样地，单层市场中完全竞争市场结构下边际收益等于边际成本，从而实现正常利润，达到帕累托最优，将其演化到多层市场，每个产业链环节均以边际收益等于边际成本获取正常利润的方式经营，产业链环节之间以边际成本流通中间品，不存在垄断加价的价格扭曲现象，每个环节的企业均获得正常利润，资源配置效率最优，社会福利最大化，李世杰和李伟（2019）称之为"完全竞争产业链"基准。在完全竞争产业链的背景下，反垄断等竞争政策没有存在的基础，随着现实的产业链结构偏离"完全竞争产业链"基准，针对纵向垄断行为、横向垄断行为的反垄断措施才能发挥其应有的作用。

李世杰和李伟（2019）将中间品垄断定价造成的福利损失归结为传导效应、协同效应和抑制效应。传导效应是指上游针对中间品进行垄断定价时，在下游企业不进行额外加价的前提下，将边际成本的上升转移给最终消费者；协同效应是指由于存在上下游加价决策的外部性，上下游企业同时加价将会带来最终零售价格提高，导致市场需求量更大规模的下降，产生比单独加价更为严重的社会福利损失；抑制效应是指上游中间品垄断加价增加，下游产品加价就会相应地降低，这是由于在上游已进行过加价的前提下，下游再进行二次加价会导致市场需求的更大规模下降，从而不利于下游企业的利润增加，因此下游企业通常会有激励调低加价幅度。从我国产业结构来看，下游行业已经基本实现了完全竞争或者接近完全竞争的市场状态，而上游行业仍然存在寡头垄断的状态（刘瑞明、石磊，2011；Li et al.，2014）。上游垄断加价的现象较为普遍，而下游是否加价从而产生协同效应或抑制效应取决于下游市场结构与企业市场势力，事实上，上游垄断而下游相对竞争的格局，使得传递效应与抑制效应普遍存在，下游企业为了维持正常利润将向消

费终端传递上升的边际成本，同时，最终市场的竞争激烈程度决定了抑制效应的大小，即下游企业是否能完整地向消费终端传递中间品加价（甚至二次加价），取决于最终市场的竞争程度与下游企业的市场地位，当市场以大规模需求下降的方式拒绝加价时，下游企业只能调低加价幅度，甚至接受利润缩减。

按"完全竞争产业链"基准，反垄断政策的社会福利目标应当是限制垄断行为，促进市场竞争，增进社会福利，但事实上由于社会转型与执法差异，导致了客观上反垄断执法存在倾向性，即存在下游和上游行业的执法差异，下游行业反垄断执法集中，而上游行业被反垄断调查的较少，这种执法倾向性进一步导致多层竞争格局向偏离"完全竞争产业链"基准的方向发展。

反垄断执法存在倾向性且短期内难以改变。从现实执行来看，根据林文和甘蜜（2015）发布的《中国反垄断行政执法大数据分析报告（2008—2015)》数据显示，在统计了2008年8月1日至2015年12月31日期间，工商机关、发改委、商务部三大行政执法机构官方公布的行政处罚决定书、公告、案件新闻总计包含反垄断行政处罚案件101件，其中，建筑材料制造业排行第1，共计55件，占比54.5%；保险业26件，占比25.7%；电信服务业5件，占比5%；其余行业共计14件，占比14.8%。剥离具有特殊行业性质的保险业，下游行业占比高达80%[①]。从执法倾向性形成的原因来看，反垄断早期执法因缺乏逻辑统一的细化规定、执法经验不足、地方保护主义干预，尤其是跨部门管辖所带来的阻力而导致执法出现倾向性。比如，

---

① 上下游行业判断标准依据后文上游度指数判别。同时本书也通过手工方式进行了同样的数据收集工作，与林文和甘蜜（2015）在行业判断上略有差异。手工统计显示，2008年8月31日至2015年12月31日总计114件反垄断执法案件，其中，保险业32件，占比28.07%；零售业31件，占比27.19%；电力、热力生产和供应业12件，占比10.53%；水上运输业8件，占比7.02%；非金属矿物制品业7件，占比6.14%；商务服务业5件，占比4.39%；医药制造业2件，占比1.75%；土木工程建筑业2件，占比1.75%；非金属矿采选业1件，占比0.88%；计算机、通信和其他电子设备制造业1件，占比0.88%；专业技术服务业1件，占比0.88%。剥离金融业后，下游行业涉案54件，占比65.9%，约2/3。

第6章 中间品市场：反垄断、纵向竞争与研发投入策略

反垄断行政执法与银监会（现并为银保监会）行业准入冲突导致银行反垄断问题一直是处于反垄断执法的边缘地带（漆丹，2015；吴汉洪和姜艳庆，2012），再如，国有企业既受到地方保护主义的庇护，又存在反垄断执法部门与国资委之间的跨部门执法障碍，使得反垄断执法难以真正涉入国有企业，林文和甘蜜（2015）数据显示，7年间101件案件被处罚的民营企业占比80.2%，而国有企业则仅有7.9%，可见其执法倾向的严重程度。从第3章的反垄断司法执行涉案国有企业占比79%的数量来看，非国企主体对国有企业凭借垄断地位实施垄断行为存在不满。这一系列的执法障碍的源头则根植于行政性企业垄断，行政性企业垄断若没能进行根治或无法从上至下进行行政权力变革，那么反垄断执法便无法真正涉足这些行业或企业，执法倾向性则将持续存在。这一执法倾向性将通过纵向多层市场结构影响企业行为。

6.2.2 假设提出

反垄断执法倾向性客观上造成了执法集中于下游竞争性行业，而上游多数来自行政权力形成的垄断势力往往难以触及，这一现实困境导致多层竞争格局向偏离"完全竞争产业链"基准的方向发展。基于完全竞争产业链基准，每一个纵向层次均是自由竞争状态，此时每个企业均能获得正常利润，市场处于完全竞争状态。然而，反垄断以及执法倾向性将对下游企业的横向与纵向竞争环境带来多方面的影响。从下游企业的横向竞争地位来看，反垄断执法净化了下游的竞争环境，抑制了垄断可能实施的途径，改进了资源配置效率与社会福利，既使下游企业更能够通过创新等方式获取市场竞争地位，又使企业面临潜在竞争者带来的更为激烈的竞争压力与营业收入不确定性。从下游企业的纵向竞争地位来看，上游反垄断执法力度弱，上游垄断势力普遍较强，下游企业相比上游企业在产业链势力对比上往往处于弱势，上游垄断加价将以边际成本上升的形式直接影响下游企业中间品投入成本。此

时，既面临横向竞争威胁上升又面临纵向垄断加价的下游企业，将做何种抉择？

何和田（He and Tian，2013）指出，影响企业研发决策的因素主要来自于研发投入的能力与研发投入的意愿。研发项目是一个长期的、高风险的、高资金依赖的投资项目，资金约束是影响研发投入能力的重要因素，不仅是内部利润积累会影响企业研发成败，外部融资渠道也会对研发持续投入能力产生重大影响（Benfratello et al.，2008；Amore et al.，2013；温军等，2011）。与此同时，当企业面临恶意收购、分析师的跟踪、股票流动性增加时管理短期压力会明显增加，为使得短期业绩迅速提升，管理层往往会选择期限短、风险低的盈利项目，而放弃或削减风险高、资金需求量大的研发项目（Narayanan，1985；Stein，1989；Atanassov，2013）。因此，当企业同时面临横向竞争威胁和纵向垄断加价时，企业的研发投入能力与研发投入意愿同时发生了改变，以此我们提出了两个假说，并试图通过实证验证假说是否成立。

研发抑制假说。反垄断执法倾向性引起下游企业更高的竞争威胁与可能的收入波动，在上游垄断加价的情况下，下游企业不得不承受纵向关系下的传递效应与抑制效应，相对弱势的下游企业在横向竞争激烈化的环境中既无法二次加价，又无法向消费终端转移中间品的加价，下游企业的纵向谈判势力越发弱化，且面临着产品成本上升与营业收入波动的双重压力，经营利润被进一步压缩。此时，从研发投入能力角度而言，经营利润的下降将使得研发投入失去持续、稳定、便捷的资金来源，从研发投入意愿角度而言，面临经营压力的管理层将权衡短期业绩与长期研发，将会选择期限短、风险低的盈利项目优先保证企业生存，而放弃或削减风险高、资金需求量大的研发项目。因此，反垄断执法倾向性将会相对地抑制企业研发投入。

研发努力假说。李世杰和李伟（2019）指出，现实经济中很多产品的投入要素的投入比并非固定，也即，从长期角度来看，企业可以通过研发在一

第6章 中间品市场：反垄断、纵向竞争与研发投入策略

定程度上改变各要素的投入比。当下游企业的产品具备了可调整的要素投入结构时，上游企业的垄断加价将会促使下游企业寻求新的替代投入品以降低企业产品的边际成本，从而强行摆脱或削弱上游的垄断加价能力。在反垄断执法具有倾向性的背景下，从横向视角，反垄断执法在横向市场的竞争引致作用，将净化市场环境、提高企业通过研发来获取核心竞争力与超额利润的可能；从纵向视角，上游垄断与下游竞争的冲突越激烈，下游企业便越有充分的动机与动力进行研发，以期通过研发摆脱上游垄断控制，并同时获得横向与纵向的竞争优势。因此，下游企业在这一环境中会更努力地投入研发，以此改变来自横向与纵向的压力。

基于此，我们提出本章的核心假设：

假设1a：反垄断政策实施后，下游企业相比上游企业研发投入变化更小。

假设1b：反垄断政策实施后，下游企业相比上游企业研发投入变化更大。

6.3 研究设计

6.3.1 样本选取

本章研究所使用的数据均来自于国泰安（CSMAR）数据库、万得（WIND）数据库、锐思（RESSET）数据库。具体而言，上市公司财务数据、公司治理数据均来自国泰安数据库，研发投入（R&D）基于国泰安数据库经由上市公司公告的年报、万得数据库、锐思数据库比较后进行补充。

本章选取2006~2018年A股上市公司，剔除属于非制造业公司的观测、剔除回归变量部分缺失的观测，共计得到14550个观测，DID模型分组后且无缺失的观测数量为10788个，进行PSM后无缺失观测的数量为10587个。

为减轻异常值的影响，本章针对所有连续变量均采取了1%和99%百分位的缩尾处理。

6.3.2 模型设定

结合本书研究话题的具体研究情境，我们构建模型（1）以验证本章核心假设。本章模型的设定逻辑分为三个步骤：第一，《反垄断法》颁布于2008年8月1日，考虑到颁布事件为下半年，且实施布局往往有滞后性，本章将冲击分界设定为2008年末，即2009年及之后为事件后年度，2008年及之前为事件前年度；第二，《反垄断法》及其相关政策在相当长的时间段内（2008～2015年）针对不同的行业进行了倾向性执法，一定程度上改变了上下游的竞争格局。因此，本章以冲击前2007～2008年两年平均的上游度指数中位数为界将样本区分为行业上游公司和行业下游公司，并以公司为对象跟踪其后续研发投入表现；第三，为了削弱因分组带来组间公司特征与地区特征的系统性差异，本章以公司、地区特征变量为匹配变量进行了PSM匹配，在此配对样本上进行DID模型的应用。

$$rnd_t = \beta_0 + \beta_1 treat_t + \beta_2 treat_t \times post_t + \beta controls_t + \sum Industry + \sum year + \varepsilon_t$$

（公式6.1）

其中，被解释变量 rnd_t 代表研发强度，以当期研发投入占当期营业收入比进行度量；解释变量 $treat_t$ 为2007～2008年平均上游度指数（scp, Supply Chain Position）按中位数获取分组，并以公司为对象取样本期内的公司观测形成研究样本，在此基础上以公司特征、地区特征控制变量为匹配变量进行PSM后，获得匹配后的分组变量 $treat$：当 $treat=1$ 时，代表处于下游行业的企业；当 $treat=0$ 时，代表处于上游行业的企业；$post_t$ 为《反垄断法》实施的时间变量：当 $post=1$ 时，时间为2009年及之后；当 $post=0$ 时，时间为

2008 年及之前；$treat_t \times post_t$ 为交乘项，是本章核心关注的变量，其反映了反垄断政策的选择性执法对下游企业研发投入带来的额外影响。

$controls$ 为一组控制变量，包含公司层面控制变量与地区层面控制变量。公司层面控制变量包括：资产总额的自然对数 $size$、负债总额占资产总额的比例 lev、净利润占总资产的比例 roa、固定资产占总资产的比例 ppe、净资产占企业流通市值的比例 bm、经营性现金净流量占总资产的比例 $oncf$、产权性质 soe（国有企业赋值 1，否则赋值 0）、第一大股东持股比例 $tophold$、企业上市天数除以 365 加 1 的自然对数 age、企业获取的政府补贴除以总资产的比例 $subsidy$；地区层面控制变量包括：地区国内生产总值增速 gdp_g，地区人均国内生产总值 gdp_p，地区第二产业国内生产总值 gdp_s。此外，模型还控制了年度固定效应 $year$ 和行业固定效应 $Industry$，并按公司层面进行了聚类，ε_t 为模型残差。

6.3.3 核心变量设定

1. 投入产出表（I/O Table）设定

投入产出表又称部门联系平衡表，是反映一定时期各部门间相互联系和平衡比例关系的一种平衡表，其展现了部门与部门之间的中间品投入关系、消费关系、产业产出价值与进出口关系，由第五届诺贝尔经济学奖得主列昂惕夫（Wassily Leontief）于 1953 年正式创立投入产出技术理论。

封闭经济下一个经济部门所生产的产品按产品流向可以分为三类，即中间投入品、最终消费品和资本形成（见表 6.1）。（1）中间投入品。中间投入将作为下游行业的中间品继续投入生产，形成 z_{ij} 的 $n \times n$ 维投入产出矩阵，以中间投入品的价值为矩阵要素度量，反映了一个部门投入到另一个部门的中间产品价值总和。（2）最终消费品。最终消费是将该部门的产出产品进行直接消费所对应的消费价值,其反映的是行业产出被终端直接消费的价值总和。(3)资本形成。该行业产出品被用以形成固定资产、增加存货,则属于资本形成,其所反映的是一个行业的产出品以资本存量形式存在的价值。资本形成和最终消费组成了最终使用的大类,由于资本形成小类也会随着使用而进行价值转移,也是属于被最终使用的价值类型。于是,中间使用和最终使用组合便是该行业的总产出。在实际操作中,简化模型下往往会将行业的总产出分为中间使用和最终消费两类,而忽略资本形成。

表 6.1　　　　　　　　封闭经济下的投入产出表

投入 \ 产出		中间使用			最终使用			总产出
		部门 1	……	部门 n	资本形成	最终消费	最终使用合计	产出合计
中间投入	部门 1	z_{11}	z_{1j}	z_{1n}				
	……	z_{i1}	z_{ij}	z_{in}				
	部门 n	z_{n1}	z_{nj}	z_{nn}				
增加值								
总投入								

资料来源:手工整理。

对于中间投入品而言,表 6.1 中 z_{ij} 反映了从纵向的投入部门向横向的使用部门投入中间产品的价值矩阵。横向来看,部门 1 的产品将向部门 1 到部门 n 分别投入的中间品价值为 z_{11}、z_{12}、…、z_{1n};纵向来看,部门 1 所接受其他部门(如部门 1 到部门 n)的中间品投入价值分别为 z_{11}、z_{21}、…、z_{n1}。因此,z_{ij} 组成的矩阵反映了中间品在部门与部门之间的投入与使用关系。

由于投入产出表存在多个版本以及多个来源,主要分为 WIOT 发布的世

第6章　中间品市场：反垄断、纵向竞争与研发投入策略

界投入产出表的中国部分①、中国投入产出学会公布的投入产出表②、国家统计局公布的投入产出表③。结合本书的研究情境与权威性考量，本章选用国家统计局公布的投入产出表。由于投入产出表每隔5年发布一版，但实际截至2020年2月的投出产出表公布的版本有2002、2005、2007、2010、2012、2015、2017七个版本，其中2002、2007、2012、2017为标准138部门版本，而其余版本均是42部门版本，因此本章采用了2002、2007、2012、2017四个版本，这一做法与张陈宇等（2020）相同。

需要注意的是，部门1到部门n所涉及的行业并不与《GBT-4754国民经济行业分类》或《上市公司行业分类指引》相同，因此使用了"部门"而非"行业"的措辞。为了构建本章的核心变量上游度指数SCP与上游垄断指标UpMono，同时将投入产出表应用于上市公司研究，本章对投入产出表做了如下的调整：

第一，针对"行业"与"部门"不匹配的问题，首先，本章按照证监会发布的《上市公司行业分类指引2012》获取上市公司的行业分类，形成"公司—年度"层面的行业类别数据，并对制造业使用2位行业代码，对非制造业使用行业大类编码进行归并；然后按照2002、2007、2012、2017四个版本的部门以部门名与行业名对应，获取细分部门的对应行业编码；最后将细分部门按行业编码，对投入产出表进行纵向和横向合并，分别形成2002、2007、2012、2017四个年度的"行业修正投入产出表"。

第二，由于投入产出表5年才发布一次，为了补充中间年度的缺失投入产出数据，本章采用线性外推的做法，对数据进行了填充，并以矩阵的形式参与了后续SCP和UpMono的计算。

---

① http://www.wiod.org/home.
② http://www.stats.gov.cn/ztjc/tjzdgg/trccxh/zlxz/trccb/201701/t20170113_1453448.html.
③ http://data.stats.gov.cn/ifnormal.htm?u=/files/html/quickSearch/trcc/trcc01.html&h=740.

2. 产业链位置（上游度指数，SCP）设定

关于上下游竞争关系领域的研究，主要有两个不同性质的度量指标，即上游度指数（SCP，Supply Chain Position）和上游垄断指标（Upstream Monopoly）。安特拉斯等（Antràs et al.，2012）提出了上游度指数（Output Upstreamness Index，本书统称为 SCP），上游度指数度量的是产业链或产业链的企业嵌入位置，用以衡量企业与消费终端的加工距离；上游垄断指标则是用于反映上游市场集中度，以此体现企业与上游相对的纵向势力对比情况。反垄断政策在不同行业间具有明显的行政执行倾向性，造成了事实层面下游行业与上游行业的执法差异，但反垄断政策并不直接对行业集中度进行干预，因此本章选用上游度指数作为核心研究变量。

上游度指数 SCP 用于度量企业与消费终端的中间加工环节的距离，其基本计算思路是将某个行业的产出分为终端消费品与中间投入品，而中间投入品又会以中间投入的形式进入到下一个行业的产业生产阶段中，其产出品又会被进一步区分为终端消费品与中间投入品，直至无限循环。由于无限循环无法运算，借助多项展开式的恒等式将循环运算转为矩阵运算，以此获得上游度指数的数值（王永进和施斌展，2014；潘文卿和李跟强，2018）。具体如下：

步骤 1：某封闭经济中，假定有 n 个行业，可以有行业总产出：

$$y_i = f_i + \sum_{j=1}^{n} a_{ij} y_j \qquad （公式 6.2）$$

其中，$a_{ij} = z_{ij} / \sum_{i=1}^{n} z_{ij}$，代表行业 j 接受所有行业中间品投入中来自行业 i 中间品的占比，z_{ij} 为行业 i 流向行业 j 的中间产品价值。

进一步迭代，则有：

$$y_i = f_i + \sum_{j=1}^{n} a_{ij} f_j + \sum_{j=1}^{n} \sum_{k=1}^{n} a_{ik} a_{kj} f_j + \sum_{j=1}^{n} \sum_{k=1}^{n} \sum_{l=1}^{n} a_{il} a_{lk} a_{kj} f_j \qquad （公式 6.3）$$

步骤 2：将公式 6.3 右端除以 y_i 后每一个生产环节乘以其环节序号，则有：

$$u_i = 1 \cdot \frac{f_i}{y_i} + 2 \cdot \frac{\sum_{j=1}^{n} a_{ij}f_j}{y_i} + 3 \cdot \frac{\sum_{j=1}^{n}\sum_{k=1}^{n} a_{ik}a_{kj}f_j}{y_i}$$

$$+ 4 \cdot \frac{\sum_{j=1}^{n}\sum_{k=1}^{n}\sum_{l=1}^{n} a_{il}a_{lk}a_{kj}f_j}{y_i} + \cdots \quad （公式6.4）$$

其中，u_i 度量了行业 i 在产业链中的位置，表征行业 i 与最终消费者的平均距离，也反映了该行业在中间产品供给关联上的强度大小和复杂程度。u_i 越大，行业 i 在产出产业链上越处于上游位置，与其他行业的中间品供给关系关联程度越强、方式越复杂。由于公式 6.4 为无穷项方程，因此无法直接进行计算，需要下一步骤转换形式方可运算。

步骤 3：步骤 2 之所以这么处理的原因在于其为了遵循一个事实定理，通过构造的方式来满足定理的形式要求，以此将公式 6.4 转换为矩阵形式。其遵循的事实定理为：

$$I + 2A + 3A^2 + \cdots = (I + A + A^2 + \cdots)^2 = [(I - A)^{-1}]^2 \quad （公式6.5）$$

定义矩阵 $Y = y_i$（$n \times n$ 阶以 y_i 为对角元素），矩阵 $F = f_i$（$n \times 1$ 阶），则有：

$$U = Y^{-1} \cdot (I + 2A + 3A^2 + \cdots) \cdot F = Y^{-1} \cdot [(I - A)^{-1}]^2 \cdot F \quad （公式6.6）$$

其中，$(I - A)^{-1}$ 被称为里昂惕夫逆矩阵。

步骤 4：矩阵 A 为以 a_{ij} 为要素的 $n \times n$ 阶矩阵，又因为 $a_{ij} = z_{ij}/\sum_{i=1}^{n} z_{ij}$，可得：

$$A = a_{ij}(n \times n \text{ 阶}) = z_{ij}/\sum_{i=1}^{n} z_{ij}(n \times n \text{ 阶}) = Z \cdot Y^{-1} \quad （公式6.7）$$

其中，矩阵 $Z = z_{ij}$（$n \times n$ 阶），z_{ij} 为投入产出表中间投入的元素，$Y = y_i$（$n \times n$ 阶的 y_i 对角矩阵）。于是，进一步整理可得：

$$U = Y^{-1}[(I - Z \cdot Y^{-1})^{-1}]^2 \cdot F \quad （公式6.8）$$

其中，矩阵 Y 为以 y_i 为对角线元素的对角矩阵（$n\times n$ 阶），y_i 是行业 i 的总产出，对角阵对角线元素不可为 0；矩阵 I 为单位矩阵（$n\times n$ 阶）；矩阵 Z 为 z_{ij} 为元素的中间投入产出矩阵（$n\times n$ 阶），代表行业 i 流向行业 j 的中间品价值；矩阵 F 为产出最终消耗 f_i 为元素的矩阵，（$n\times 1$ 阶）。具有 $u_i \geq 1$ 且 $\sum_{j=1}^{n} a_{ij} < 1$ 的性质，因此，指标 $scp \geq 1$，且当 scp 数值越大，则代表距离消费终端越远，企业所在行业越上游，若 scp 数值越接近 1，则代表距离消费终端越近，企业越处于下游。本章以 scp 中位数为界将上市公司区分为下游行业公司（$treat = 1$）和上游行业公司（$treat = 0$）。

6.4 实证结果

6.4.1 描述性统计分析

表 6.2 列示了主要变量的描述性统计情况。

表 6.2　　　　　　　　主要变量描述性统计

变量名	观测数	均值	方差	最小值	P25	P50	P75	最大值
rnd	14550	0.031	0.035	0.000	0.000	0.028	0.044	0.187
scp	14550	3.993	1.487	1.665	2.809	3.476	5.176	7.794
$size$	14550	21.679	1.089	19.368	20.891	21.589	22.327	24.853
lev	14550	0.420	0.204	0.054	0.258	0.411	0.571	0.917
roa	14550	0.040	0.062	-0.223	0.013	0.038	0.071	0.208
ppe	14550	0.240	0.143	0.012	0.131	0.215	0.325	0.650
bm	14550	0.459	0.241	0.032	0.268	0.425	0.636	0.977

续表

变量名	观测数	均值	方差	最小值	P25	P50	P75	最大值
oncf	14550	0.044	0.071	-0.169	0.004	0.042	0.086	0.248
soe	14550	0.372	0.483	0.000	0.000	0.000	1.000	1.000
tophold	14550	0.335	0.136	0.088	0.229	0.317	0.425	0.692
age	14550	9.438	6.193	0.200	4.288	8.310	14.205	24.008
subsidy	14550	0.010	0.015	0.000	0.002	0.006	0.012	0.100
gdp_g	14550	0.113	0.052	0.003	0.079	0.102	0.137	0.239
gdp_p	14550	29.285	0.548	27.799	28.938	29.391	29.722	30.234
gdp_s	14550	0.390	0.080	0.147	0.376	0.404	0.439	0.518

资料来源：手工整理。

表 6.2 数据显示，研发投入密度（rnd）呈现明显的左偏态并集中于 0 右侧，且 75 分位数研发密度最高为 4.4%，说明整体研发投入密度并不高，同时为了避免数据以 0 为界的左截断问题，本章以 Tobit 模型替代 OLS 回归进行了稳健性检验。上游度指数（scp）均值为 3.993，与王永进和刘灿雷（2016）、董有德和唐云龙（2017）、占丽等（2018）基本一致，不存在量级差异，同时 scp 最小值为 1.665 大于 1，说明满足上游度指数的基本条件。其余控制变量均与现有文献保持基本一致，能够较好地控制公司、地区层面的差异。

6.4.2 实证结果与分析

表 6.3 报告了本章的主回归结果，$treat \times post$ 为本章关注的核心变量，其反映了《反垄断法》实施之后，下游行业企业相比上游行业企业研发投入密度的增量变化。

表 6.3　　　　　　　　　主回归结果

项目	(1)	(2)
模型	DID	PSM + DID
变量名	*rnd*	*rnd*
treat	-0.000	-0.001
	(-0.19)	(-0.38)
treat × *post*	-0.003**	-0.003**
	(-2.22)	(-2.24)
size	0.001	0.001
	(1.57)	(1.10)
lev	-0.015***	-0.014***
	(-5.84)	(-5.33)
roa	-0.005	-0.004
	(-1.03)	(-0.75)
ppe	-0.000	-0.001
	(-0.06)	(-0.17)
bm	-0.001**	-0.001**
	(-2.51)	(-2.31)
oncf	0.000	-0.000
	(0.06)	(-0.09)
soe	0.001	0.001
	(1.13)	(1.01)
tophold	-0.004	-0.004
	(-1.21)	(-1.32)
age	-0.001***	-0.001***
	(-11.13)	(-11.07)
gdp_g	-0.001	-0.000
	(-0.06)	(-0.04)
gdp_p	0.003***	0.003***
	(2.73)	(2.70)

续表

项目	(1)	(2)
模型	DID	PSM + DID
变量名	rnd	rnd
gdp_s	-0.004	-0.004
	(-0.44)	(-0.51)
$subsidy$	0.006	0.006
	(1.16)	(1.14)
Constant	-0.078***	-0.073***
	(-2.80)	(-2.60)
观测数	10788	10587
R^2	0.357	0.359
行业固定效应	Yes	Yes
时间固定效应	Yes	Yes
个体层面聚类	Yes	Yes

资料来源：手工整理。

表 6.3 结果显示，无论是 DID 模型还是 DID + PSM 模型的 $treat \times post$ 项系数均是 -0.003，且均在 5% 水平上显著，同时结合研发投入呈现逐年增长的趋势，可以说明，《反垄断法》实施之后，下游行业企业相比上游行业企业研发投入增长较少，也即反垄断政策具有行业倾向性的选择性执法抑制了下游企业研发投入的增长。验证了本章的核心假设。

表 6.4 列示了 PSM 平衡性检验与 DID 平行趋势假定检验的结果。

表 6.4   **PSM 平衡性检验与 DID 平行趋势假定检验**

Panel A：PSM 平衡性检验		
配对变量名	匹配后	T 或 Chi - 2 检验的 P 值
$size$	实验组 vs 控制组	0.874
lev	实验组 vs 控制组	0.861
roa	实验组 vs 控制组	0.305

续表

Panel A：PSM 平衡性检验

配对变量名	匹配后	T 或 Chi-2 检验的 P 值
ppe	实验组 vs 控制组	0.252
bm	实验组 vs 控制组	0.243
oncf	实验组 vs 控制组	0.397
soe	实验组 vs 控制组	0.763
tophold	实验组 vs 控制组	0.875
age	实验组 vs 控制组	0.364
gdp_g	实验组 vs 控制组	0.966
gdp_p	实验组 vs 控制组	0.915
gdp_s	实验组 vs 控制组	0.994
subsidy	实验组 vs 控制组	0.379
Whole Sample	实验组 vs 控制组	0.873

Panel B：DID 平行趋势假定检验

变量名	rnd
treat	-0.001
	(-0.64)
before2 × treat	0.001
	(0.92)
before1 × treat	0.001
	(0.96)
after × treat	Yes
Controls	Yes
Constant	-0.074***
	(-2.62)
观测数	10587
R^2	0.362
行业固定效应	Yes
时间固定效应	Yes
个体层面聚类	Yes

资料来源：手工整理。

表 6.4 Panel A 展示了 PSM 配对的平衡性检验，本章所选取的公司层面变量与地区层面变量在 PSM 配对后均未在实验组和控制组间呈现显著性差异，与此同时总体样本 Chi-2 检验也显示整体样本在两组间不存在显著性差异，通过了平衡性检验。

表 6.4 Panel B 展示了 DID 模型的平行趋势假定检验，由于生成年度虚拟变量（$before^*$、$after^*$）与 $treat$ 的交乘项时出现时间上的多重共线问题，本章指定事件当年（2008 年）作为基准年，并以 $before2 \times treat$、$before1 \times treat$ 两项验证平行趋势，试图减轻多重共线带来的影响。平行趋势假定检验显示，$before2 \times treat$、$before1 \times treat$ 两项交乘项均不显著，说明实验组与控制组公司在事件前的增长趋势不存在显著差异，即通过平行趋势假定检验。

6.4.3 截面异质性

主回归结果显示《反垄断法》实施后，反垄断行业倾向性的选择性执法抑制了下游企业研发投入的增长，虽然已经验证了反垄断执法倾向性带来了弊端，但仍未探明的是结构性差异，也即通过截面因素探索反垄断执法倾向性所产生作用的区域，并以此为基础进一步探索作用渠道。根据理论推演与假设，反垄断执法倾向性并未改变上游的竞争格局，而增加了下游的竞争成本，上游的垄断加价无法通过消费终端排解，只能由下游企业以牺牲利润的方式承担，因此，本书认为当企业处于上游强势的行业中、生产对中间品依存度更高的产品时以及缺乏外部资金支持（如政府补贴）时，上游的压力与消费终端的竞争最终导致下游企业的利润被压缩，支持研发投入的持续性风险资金缺少了重要的资金来源，下游企业不得不牺牲改变研发投入策略减少研发以降低资金风险与维持经营。因此，上游垄断势力、产品成本结构、外部资金支持将进一步揭示反垄断执法倾向性对下游研发投入带来的不同程度的影响。

1. 上游垄断势力的调节作用

上下游的谈判势力在一定程度上决定了中间品的垄断加价问题，当下游买方企业市场势力大且集中，会使得下游企业相对于上游中间品制造商具有更强的买方谈判势力，能一定程度上削弱上游的加价能力（李世杰和李伟，2019）；同样地，上游企业谈判势力强且市场集中，会使得上游企业具有更强的卖方势力，且能够强化其中间品加价能力。因此上游市场集中度越强则企业面临的上游压力越大，上游的谈判势力就越强，越容易进行中间品加价，企业唯有以承担产品成本上涨所带来的经济后果，最终导致高风险的研发投入资金被挤占。

本章以上游垄断势力（upmono）为指标度量企业所面临的上游压力。上游垄断指标参考王永进和施斌展（2014）的研究，利用投入产出表计算上游行业的市场势力，其基本思路是，先计算每一个行业的赫芬达尔指数来表征行业集中度，然后利用投入产出表的中间品投入产出关系，来构筑针对某一行业的上游垄断综合指标，即通过投入产出关系生成某行业的上游行业投入权重矩阵，分别乘以上游行业的集中度，最终获得某行业的上游综合集中度，即上游垄断势力 upmono，这一指标数值越大，则上游越强势。

本章将 upmono 与 treat × post 项进行交乘，用于表征上游垄断势力高或低所带来的差异化影响。上游垄断势力的调节效应结果如表 6.5 所示。

表 6.5　　上游垄断势力的调节作用

项目	(1)
变量名	rnd
treat	-0.001
	(-0.44)
treat × post	0.003
	(1.43)

第6章 中间品市场：反垄断、纵向竞争与研发投入策略

续表

项目	(1)
变量名	*rnd*
upmono × *treat* × *post*	-0.060***
	(-3.52)
size	0.001
	(1.05)
lev	-0.014***
	(-5.36)
roa	-0.004
	(-0.75)
ppe	-0.001
	(-0.18)
bm	-0.001**
	(-2.32)
oncf	-0.000
	(-0.04)
soe	0.001
	(0.96)
tophold	-0.004
	(-1.32)
age	-0.001***
	(-11.01)
gdp_g	-0.001
	(-0.08)
gdp_p	0.003***
	(2.65)
gdp_s	-0.004
	(-0.54)
subsidy	0.006
	(1.19)

续表

项目	(1)
变量名	rnd
Constant	-0.071**
	(-2.52)
观测数	10587
R^2	0.363
调整 R^2	0.360
行业固定效应	Yes
年度固定效应	Yes
个体层面聚类	Yes

资料来源：手工整理。

表6.5的回归结果显示，反垄断执法倾向性造成的下游研发被抑制的情况在上游更强势的组中更为严重，$upmono \times treat \times post$ 项为 -0.060 且在1%水平上显著，且 $treat \times post$ 项则不再显著，反映了主回归的显著性主要由上游强势的分组所贡献。这一数据结果说明企业所处的纵向势力对比关系中，若上游相对更为强势，则反垄断执法倾向性带来的下游研发抑制效应则更为显著。这进一步反映了上下游谈判势力所引申的中间定价或中间品成本，将可能是影响企业研发投入策略的重要原因。

2. 产品成本结构的调节作用

企业的中间品成本占比在一定程度上反映了企业对上游供应商的依赖程度，当企业的产品成本结构中的中间品成本占比较高时，中间品定价的轻微波动就可能造成企业利润的大幅度波动，也即，这类企业针对中间品价格的敏感性更高。反垄断的执法倾向性导致的下游研发抑制效应，如若是由中间定价或中间品成本传递，那么就应该能观察到中间品成本高敏感性企业更为强烈的反应。因此，本章通过构造中间品产品成本占比的结构指标来刻画企

第6章 中间品市场：反垄断、纵向竞争与研发投入策略

业对中间品的依赖程度，以此度量企业的中间品价格敏感性。

参照王贵东（2017）的做法，本章将企业的要素投入分为劳动、资本、中间品，使用"营业成本＋销售费用＋管理费用－折旧摊销－支付给职工及为职工支付的现金"的方式度量中间品投入，并以"当期营业收入＋期末存货－期初存货"的方式度量企业工业总产值，将中间品投入除以企业工业总产值来获得每一单位的产值中中间品投入的成本，即中间品成本结构比重m。并通过与$treat \times post$交乘的方式，考察中间品成本结构占比高与低分组所产生的差异。

产品成本结构的调节效应回归结果如表6.6所示。

表6.6 产品成本结构的调节作用

项目	(1)
变量名	rnd
$treat$	-0.001 (-0.61)
$treat \times post$	0.003 (1.51)
$m \times treat \times post$	-0.004*** (-3.29)
$size$	0.000 (0.93)
lev	-0.013*** (-5.05)
roa	-0.006 (-1.09)
ppe	-0.001 (-0.32)

续表

项目	(1)
变量名	rnd
bm	-0.001**
	(-2.20)
oncf	-0.000
	(-0.12)
soe	0.001
	(0.99)
tophold	-0.004
	(-1.41)
age	-0.001***
	(-10.77)
gdp_g	-0.001
	(-0.14)
gdp_p	0.003***
	(2.76)
gdp_s	-0.004
	(-0.45)
subsidy	0.018
	(1.23)
Constant	-0.073***
	(-2.60)
观测数	10406
R^2	0.369
调整 R^2	0.366
行业固定效应	Yes
年度固定效应	Yes
个体层面聚类	Yes

资料来源：手工整理。

表6.6结果显示，$m \times treat \times post$ 项系数为 -0.004，在1%水平上显著，且 $treat \times post$ 项不再显著，反映了主回归的显著性主要由中间品成品占比高的

第6章 中间品市场：反垄断、纵向竞争与研发投入策略

分组所贡献。这一数据结果说明企业因为产品成本结构而对中间品产生依赖更大时，会使得企业更容易受到上游垄断定价的负面影响，进而被压缩利润空间而产生对研发投入的挤出效应。也因此，反垄断执法倾向性带来的下游研发抑制效应则更为显著。这进一步反映了企业在研发投入决策时考虑的资金约束问题，当正常经营受到冲击时若企业无法同时维持经营所需资金与研发投入时，将可能优先削减具有高度不确定性的研发投入来保证正常的经营。

3. 外部资金支持的调节作用

企业的外部资金支持将会为研发投入带来充足且持续的资金，钟凯等（2017）研究发现政府补贴能够为企业研发投资提供重要的融资支持。当企业面临外部激烈的产品竞争与中间品的价格上涨时，享受融资支持的企业将更有能力维持持续性的研发投入，而削减因经营风险上升带来的研发投入挤占效应。因此，反垄断的执法倾向性导致的下游研发抑制效应，如若通过增加中间品成本或降低收入传递，且研发资金被经营资金挤占，那么应该能观察到，具有政府补贴的外部支持的企业将对此反应更为不敏感。按照这一逻辑，本章将政府补贴占比作为外部资金支持的指标刻画研发资金与经营资金之间的替代强度，以此度量企业对研发资金约束的敏感性。

交乘项构造与其他截面因素一致，sub 代表政府补贴密度，数值越大反映政府补贴越多。政府补贴的调节效应回归结果如表6.7所示。

表6.7　　政府补贴的调节作用

项目	(1)
变量名	rnd
$treat$	−0.001 (−0.48)
$treat \times post$	−0.013 *** (−7.49)

续表

项目	(1)
变量名	rnd
$sub \times treat \times post$	0.007***
	(7.04)
size	0.001
	(1.14)
lev	-0.014***
	(-5.21)
roa	-0.004
	(-0.68)
ppe	-0.002
	(-0.60)
bm	-0.001**
	(-2.34)
oncf	0.001
	(0.25)
soe	0.001
	(1.22)
tophold	-0.003
	(-1.13)
age	-0.001***
	(-11.01)
gdp_g	-0.000
	(-0.02)
gdp_p	0.003***
	(2.87)
gdp_s	-0.003
	(-0.32)
Constant	-0.078***
	(-2.80)
观测数	10587
R^2	0.368

第6章 中间品市场：反垄断、纵向竞争与研发投入策略

续表

项目	(1)
变量名	rnd
调整 R^2	0.365
行业固定效应	Yes
年度固定效应	Yes
个体层面聚类	Yes

资料来源：手工整理。

表 6.7 结果显示，$sub \times treat \times post$ 项系数为 0.007，在 1% 水平上显著，且 $treat \times post$ 项系数为 -0.013，在 1% 水平上显著，反映了高政府补贴的企业相比低政府补贴的企业受到的负面影响更小，即反垄断执法倾向性带来的下游研发抑制效应，在高补贴组中更轻，仅有 -0.006（-0.013+0.007），而在低补贴组中更重，影响系数为 -0.013。这一数据结果说明下游企业因为成本上升而营业收入愈发不稳定，经营风险引发研发资金受到挤占时，拥有外部资金支持或融资支持渠道的企业对研发资金约束的敏感性更低，在反垄断执法倾向性带来的下游研发抑制效应发生时，拥有更多的余裕资金用于维持研发投入，从而削弱了这一抑制效应。这一结果进一步说明了经营风险的上升是产生挤占作用的关键。

6.4.4 进一步研究——经营风险的中介作用

截面异质性的研究反映了上游垄断势力、产品成本结构、外部资金支持对主回归结论的增强或削弱作用，为进一步研究指出了更为明确的方向。无论是上下游势力对比、下游成本对上游的依赖还是外部资金支持，均反映了在 2009 年之后反垄断执法倾向性对下游企业研发抑制效应，可能是通过下游企业经营利润被压缩，研发投入失去了持续性的资金基础，导致了管理层

被迫削减研发投入以维持经营需求。因此，经营风险的上升在这一逻辑链条中扮演了极为重要的角色。

经营风险是由于生产经营变动或市场环境改变导致企业未来的经营性现金流量发生变化，从而影响企业的市场价值的可能性，企业价值的变化程度取决于变动因素对企业未来销售量、价格和成本的影响程度（陆雄文，2013）。从这一角度而言，反垄断执法倾向性既弱化了下游企业的谈判势力，增加了中间品成本，又增加了下游市场横向竞争导致企业营业收入不确定性增加，从成本和收入双重角度增加了企业的经营风险，增加了企业失败的可能，与此同时，研发是一项高风险、长期性、高持续资金依赖的活动（Holmstrom，1989），管理层在权衡经营风险和研发投入时，会更倾向于选择期限较短、风险较低的盈利项目，而削减对研发等高风险长期项目的投资（Narayanan，1985；Stein，1989）。因此，在2009年《反垄断法》实施并开始行政执法之后，越是处于下游的企业，其经营风险越高，研发投入则越低，也即，产业链位置（SCP）将通过提高经营风险的方式，抑制企业的研发投入。

为了检验经营风险的中介渠道，同时考虑到中介效应模型无法与DID模型共存，本章将年度限定在2009年及之后，以考察反垄断执法倾向性带来的影响。经营风险的度量参照李建军和韩珣（2019）、翟胜宝等（2014）使用Z指数，Z指数的计算方法为：$Z\text{-}score = 1.2 \times$营运资金/总资产$+ 1.4 \times$留存收益/总资产$+ 3.3 \times$息税前利润/总资产$+ 0.6 \times$股票总市值/负债账面价值$+ 0.999 \times$销售收入/总资产。$Z$指数衡量的是企业发生财务危机的可能性，当$Z$指数数值越小，代表企业面临的经营风险越高。

中介效应检验程序遵循了温忠麟等（2004），除了联立三步回归以外，还进行了Sobel检验和中介效应分析。经营风险的中介效应回归结果如表6.8所示。

第6章 中间品市场：反垄断、纵向竞争与研发投入策略

表6.8　　　　经营风险的中介效应（year≥2009）

项目	(1)	(2)	(3)
变量名	rnd	Z	rnd
scp	0.002*** (8.79)	0.194*** (4.13)	0.001*** (8.48)
Z	— —	— —	0.000*** (10.02)
size	0.003*** (9.84)	-1.285*** (-17.42)	0.004*** (11.16)
lev	-0.047*** (-25.38)	-26.818*** (-63.34)	-0.037*** (-18.20)
roa	-0.072*** (-13.22)	12.454*** (9.95)	-0.076*** (-14.01)
ppe	-0.036*** (-16.57)	-6.178*** (-12.25)	-0.034*** (-15.57)
bm	-0.006*** (-11.39)	-2.602*** (-20.68)	-0.005*** (-9.65)
oncf	-0.007 (-1.53)	7.116*** (6.93)	-0.009** (-2.09)
soe	0.001* (1.74)	0.299* (1.74)	0.001 (1.60)
tophold	-0.019*** (-9.34)	2.728*** (5.67)	-0.020*** (-9.81)
age	-0.001*** (-24.01)	-0.050*** (-3.83)	-0.001*** (-23.77)
gdp_g	-0.080*** (-12.92)	-0.604 (-0.42)	-0.080*** (-12.93)
gdp_p	0.011*** (14.88)	-0.789*** (-4.76)	0.011*** (15.30)
gdp_s	-0.037*** (-9.43)	-5.731*** (-6.32)	-0.035*** (-8.94)

续表

项目	(1)	(2)	(3)
变量名	rnd	Z	rnd
subsidy	0.039***	0.937**	0.039***
	(21.83)	(2.25)	(21.72)
Constant	-0.280***	73.685***	-0.305***
	(-12.59)	(14.35)	(-13.69)
Sobel	Coef = 0.000***	Z = 3.82	P = 0.000
直接效应	Coef = 0.002***	Z = 8.48	P = 0.000
间接效应	Coef = 0.000***	Z = 3.82	P = 0.000
总效应	Coef = 0.002***	Z = 8.79	P = 0.000
间接效应占比		0.0375	
观测数	15716	15716	15716
R^2	0.220	0.434	0.225
调整 R^2	0.220	0.433	0.225

资料来源：手工整理。

表6.8结果显示，回归模型（1）中反映了上游度指数越低的企业在研发投入密度上更低，影响系数为0.002且在1%水平显著；回归模型（2）中反映了scp与Z指数正相关关系，系数为0.194，且于1%水平上显著，说明越处于下游的企业，其面临的经营风险越高；在回归模型（3）中scp和Z的回归系数分别为0.001和0.000，且均在1%水平上显著，说明部分中介效应存在，且经营风险越高则研发投入密度越低。Sobel检验Z值3.82，进一步验证的中介效应的存在。

总而言之，中介效应检验整体说明，企业受所处的产业链位置影响，在反垄断行政执法实施后，越下游的企业所受到执法倾向性带来的研发抑制效应会更严重，而且这种效应是通过提高下游企业的经营风险来挤占研发资金而发挥作用的。

6.4.5 稳健性检验

为了保证研究结论具有稳健性,本章进行了诸多稳健性检验,主要包含:替换回归模型、替换回归指标、改变选择的样本等。

1. Tobit 模型回归

本章所使用的回归模型主要为 OLS 叠加固定效应模型,由于使用的因变量是研发投入密度,研发投入数据是一项大于等于零的离散型数据,经过营业收入的去规模化调整后,形成了介于 0~1 的研发投入密度,由于研发投入密度不为负,属于因变量受限的情况,应用 Tobit 模型进行左截断回归可以纠正 OLS 下未考虑受限问题带来的系统性偏误。为减轻这一担忧,本章使用了 Tobit 模型以 0 为界进行了左截断回归。Tobit 模型回归结果如表 6.9 所示。

表 6.9　Tobit 模型回归结果

Panel A:DID 回归结果

项目	(1)
变量名	rnd
$treat$	0.002 (0.62)
$treat \times post$	−0.006** (−2.42)
$size$	0.001 (1.02)
lev	−0.022*** (−5.47)
roa	0.008 (0.86)

续表

Panel A：DID 回归结果

项目	(1)
变量名	rnd
ppe	-0.000
	(-0.01)
bm	-0.001
	(-0.84)
oncf	-0.002
	(-0.31)
soe	0.002
	(1.22)
tophold	-0.000
	(-0.05)
age	-0.002***
	(-13.12)
gdp_g	-0.034**
	(-2.14)
gdp_p	0.005***
	(3.06)
gdp_s	-0.006
	(-0.54)
subsidy	0.006
	(1.01)
Constant	-0.164***
	(-3.51)
观测数	10587
虚拟 R^2	-0.473
行业固定效应	Yes
年度固定效应	Yes
个体层面聚类	Yes

第6章　中间品市场：反垄断、纵向竞争与研发投入策略

续表

Panel B：DID 平行趋势假定检验

项目	(1)
变量名	rnd
Treat	-0.002
	(-0.43)
Before2 × Treat	0.005
	(1.15)
Before1 × Treat	0.006
	(1.36)
After × Treat	Yes
Controls	Yes
Constant	-0.165***
	(-3.53)
观测数	10587
虚拟 R^2	-0.473
行业固定效应	Yes
年度固定效应	Yes
个体层面聚类	Yes

资料来源：手工整理。

表6.9结果显示，Tobit 模型下 treat × post 交乘项对研发投入密度仍然维持在负值，且在5%水平上显著，因此，研究结论具有稳健性。需要说明的是，Tobit 回归结果中虚拟 R^2（$Pseudo\_R^2$）的值为负，其计算公式为 $Pseudo\_R^2 = 1 - L1/L0$，$L1$ 和 $L0$ 分别是仅截距项回归和完全模型回归的对数似然函数（log-likelihoods）。对于离散分布而言，对数似然函数是一个概率值的对数，所以恒负（或0），因 $L0 \leq L1 \leq 0$，所以 $0 \leq L1/L0 \leq 1$，因而离散分布下 $0 \leq Pseudo\_R^2 \leq 1$；对连续分布而言，对数似然函数值是概率密度的对数，因为

密度函数可以大于 1,所以对数似然函数值就可正可负,导致 $Pseudo\_R^2$ 可能出现负值。

2. 替换经营风险指标

本书作用渠道的核心逻辑是反垄断倾向性执法通过中间品价格、下游竞争两个方面增加下游企业的经营风险,减损企业利润,从而导致高风险的研发投入资金被挤占。于是,经营风险的指标度量就显得更为关键。为了保证结果不受采用的指标影响,本章将 Z 指数替换为 oprisk,以盈利的波动来度量(余明桂等,2013;毛其淋和许家云,2016)。具体而言,参照苏坤(2016)和赵龙凯等(2014)的研究,使用息税前利润与年末总资产比值来衡量企业盈利能力,并对其进行年度和行业均值调整,按 t、$t+1$、$t+2$ 三年滚动计算盈利的方差,以此表征盈利的波动。oprisk 指标越大代表经营风险越高。替换经营风险指标的回归结果如表 6.10 所示。

表 6.10　　　　替换经营风险指标（year≥2009）

项目	(1)	(2)	(3)
变量名	rnd	oprisk	rnd
scp	0.002 *** (7.95)	0.194 *** (4.13)	0.002 *** (7.36)
oprisk	— —	— —	-0.027 *** (-7.98)
size	0.003 *** (8.99)	-1.286 *** (-17.42)	0.003 *** (9.67)
lev	-0.047 *** (-24.72)	-26.818 ** (-2.56)	-0.047 *** (-24.94)
roa	-0.072 *** (-11.41)	0.170 *** (11.26)	-0.066 *** (-10.63)

第6章 中间品市场：反垄断、纵向竞争与研发投入策略

续表

项目	(1)	(2)	(3)
变量名	rnd	oprisk	rnd
ppe	-0.036***	0.009*	-0.035***
	(-15.81)	(1.67)	(-15.73)
bm	-0.006***	-0.007***	-0.007***
	(-11.29)	(-5.36)	(-11.66)
oncf	-0.007	0.019*	-0.005
	(-1.22)	(1.65)	(-1.11)
soe	0.001***	0.005**	0.002***
	(2.60)	(2.59)	(2.78)
tophold	-0.019***	0.015***	-0.018***
	(-8.56)	(2.83)	(-8.39)
age	-0.001***	-0.001***	-0.001***
	(-23.05)	(-7.74)	(-23.57)
gdp_g	-0.080***	-0.058***	-0.080***
	(-12.72)	(-3.82)	(-12.99)
gdp_p	0.011***	0.002	0.010***
	(13.96)	(1.16)	(14.06)
gdp_s	-0.037***	0.010	-0.033***
	(-8.18)	(1.01)	(-8.13)
subsidy	0.039***	-0.003	0.038***
	(21.68)	(-0.68)	(21.68)
Constant	-0.280***	-0.278***	-0.274***
	(-11.72)	(-4.99)	(-12.06)
Sobel	Coef=0.000	Z=5.913	P=0.000
直接效应	Coef=0.002	Z=7.359	P=0.000
间接效应	Coef=0.000	Z=5.913	P=0.000
总效应	Coef=0.002	Z=7.951	P=0.000
间接效应占比	0.0740		
观测数	15716	14225	14225
R^2	0.223	0.042	0.227
调整 R^2	0.222	0.042	0.226

资料来源：手工整理。

表 6.10 报告了经营风险指标替换后的结果，模型（1）与未替换前一致，模型（2）显示越下游的公司经营风险越高，模型（3）显示经营风险会降低研发投入，Sobel 检验也同样显示存在中介效应。因此，本章结论稳健。

3. 剔除分组变化的样本

由于本章分组是按公司层面形成，因此必然涉及不同年度之间因公司行业变更、产业链升级导致上下游变化的情况出现，本章将公司分组由上游变为下游、下游变为上游的样本进行了剔除，进行了重新检验。剔除分组变动样本回归结果如表 6.11 所示。

表6.11　　　　　　　　　剔除分组变动样本回归结果

Panel A：DID 回归结果

项目	(1)
变量名	*rnd*
treat	0.001 (0.10)
treat × *post*	-0.003* (-1.81)
size	0.001 (1.34)
lev	-0.016*** (-3.75)
roa	-0.015 (-1.49)
ppe	-0.001 (-0.17)

第6章 中间品市场：反垄断、纵向竞争与研发投入策略

续表

Panel A：DID 回归结果

项目	(1)
变量名	rnd
bm	-0.002***
	(-2.73)
oncf	-0.003
	(-0.45)
soe	0.001
	(0.55)
tophold	-0.006*
	(-1.72)
age	-0.001***
	(-8.87)
gdp_g	0.003
	(0.28)
gdp_p	0.003**
	(2.41)
gdp_s	-0.001
	(-0.16)
subsidy	0.002
	(0.70)
Constant	-0.088**
	(-2.45)
观测数	9878
R^2	0.210
行业固定效应	Yes
年度固定效应	Yes
个体层面聚类	Yes

续表

Panel B：DID 平行趋势假定检验

项目	(1)
变量名	rnd
Treat	0.001
	(0.08)
Before2 × Treat	0.001
	(0.72)
Before1 × Treat	0.001
	(0.79)
After × Treat	Yes
Controls	Yes
Constant	-0.089**
	(-2.46)
观测数	9878
R^2	0.210
行业固定效应	Yes
年度固定效应	Yes
个体层面聚类	Yes

资料来源：手工整理。

表 6.11 回归结果显示，虽然跟主回归结果相比显著性有所下降，但仍为负值，在 10% 水平上显著，说明本章结论依然稳健。

6.5 本章小结

本章研究验证了《反垄断法》实施后，其行政执法存在行业倾向性，导

第6章 中间品市场:反垄断、纵向竞争与研发投入策略

致反垄断政策出现负面的经济影响。本章研究发现,反垄断执法倾向性存在于上下游行业之间,处于下游的企业受到纵向势力与横向竞争的双重压力,面临产品成本上升而无法向消费终端转嫁传递且同时面临更为严峻的营业收入不确定性,以至于企业利润被压缩,经营风险上升,研发投入所依赖的资金来源受到冲击,导致研发投入被相对地抑制了。通过异质性分析发现,反垄断执法倾向性对研发投入的抑制作用受到上游垄断势力、产品成本结构、外部资金支持的影响,当企业处于上游强势、中间品成本占比高、缺乏外部支持的环境中时,对研发投入的抑制作用更强。通过进一步研究,本章确证了纵向势力对比、成本依赖性、资金约束等异质性因素均是通过增加企业经营风险产生作用,反垄断执法倾向性导致下游企业经营风险上升,从而挤占研发资金而导致产生研发抑制效应,证明了现阶段反垄断执法结构性失衡带来的负面经济后果。

| 第 7 章 |

研究结论与政策建议

7.1 本书的主要结论

本书通过要素市场、技术市场、中间品市场三个不同的场景分别研究了反垄断对企业研发投入策略产生的影响,验证了反垄断政策的竞争引致效应与可能的负面经济后果。具体如下:

第一,要素市场。《反垄断法》在确立竞争中性、创造优质营商环境以及实现企业公平竞争等方面起到非常重要的作用。本书通过 A 股上市公司数据,采用《反垄断法》的实施作为政策冲击时点,以 DID 模型设计实证检验了《反垄断法》实施对企业层面要素价格扭曲的整体影响,并检验了异质性差异以及经济后果。研究发现,《反垄断法》实施会降低上市公司的要素价格扭曲程度,并且对市场弱势企业的整体要素价格扭曲程度的矫正作用更大。将要素拆分为资本要素和劳动力要素后,发现《反垄断法》对两个要素价格扭曲的影响存在非对称性,整体要素价格扭曲的降低主要来自于资本要素价格扭曲程度的下降。《反垄断法》对整体和资本的要素价格扭曲程度的

第7章 研究结论与政策建议

作用受到行业特性、政企环境、银企环境的异质性影响,即企业所处行业的资本集中度较高的企业、更依赖政府补贴的企业以及得到银行信贷资源倾斜的企业要素价格扭曲程度受《反垄断法》实施的影响更大。进一步研究发现,资本要素价格扭曲程度的下降并非来自资本要素投入价格的提高,而在于资本要素的边际产出下降,此时,在企业投资效率并未发现明显改变的基础上,研发投入则在持续增加,这一现象说明,受《反垄断法》实施带来的竞争环境改善,市场弱势企业更有动机和意愿进行创新变革,改变对资本要素的过分依赖,转而向"创新驱动"模式发展。也即,《反垄断法》通过降低资本要素的产出效率,激发企业研发动机与意愿,从而转变企业增长模式。

第二,技术市场。伴随着我国反垄断政策的逐步推进与营商环境的逐步改善,市场环境的优化为企业研发创造了优渥的条件,企业逐步注重研发策略的制定与研发成果的维护与积累,并主动参与技术市场的研发竞争。本章节考察了企业间研发竞争行为,考察企业间研发模仿与竞争是否存在空间竞争溢出效应,终而促进企业间研发投入的互动性增长。本书分析了上市公司研发投入的空间自相关系数,在经历模型判别、构建基于 Bootstrap 的 Fisher 组合检验、溢出效应检验、嵌套权重矩阵回归等系列分析过程,对企业的横向竞争对手研发竞争效应和纵向行业领导者引领效应两条渠道进行了检验。研究发现:竞争对手之间的研发投入竞争自《反垄断法》实施后产生,且存在显著的空间相关性;横向的竞争对手研发竞争效应与纵向的行业领导者引领效应同时存在,同样具有正的空间相关性。这说明,企业之间的研发策略从内部决策转向外部对标、从研发投入兼顾创新产出,企业之间的研发竞争方式发生了深刻的改变。因此,进一步打破市场壁垒,优化营商环境,为企业研发竞争创造更好的竞争舞台,实现良性的竞争态势,有助于提高我国企业的研发与创新能力。

第三,中间品市场。随着市场化改革的逐步推进与反垄断政策竞争效应的逐步发挥,我国的下游行业已经基本实现了完全竞争或者接近完全竞争的市场状态，而上游行业仍然存在寡头垄断的状态。反垄断执法因无法触及上游行业的垄断势力源头，出现了执法倾向性现象，导致下游和上游的执法力度差异化倾斜。本书以反垄断执法倾向为背景，以 DID 模型实证检验了下游企业在面临上游垄断加价、下游竞争激化的环境中，如何进行研发决策的问题。研究发现，反垄断执法倾向性存在于上下游行业之间，处于下游的企业受到纵向势力与横向竞争的双重压力，面临产品成本上升而无法向消费终端转嫁传递且同时面临更为严峻的营业收入不确定性，进而导致企业利润被压缩，经营风险上升，研发投入失去资金支持而被相应地抑制了。截面异质性分析显示，反垄断执法倾向性对研发投入的抑制作用受到上游垄断势力、产品成本结构、外部资金支持的影响，当企业处于上游强势、中间品成本占比高、缺乏外部支持的环境中时，对研发投入的抑制作用更强。进一步研究发现，纵向势力对比、成本依赖性、资金约束等异质性因素均是通过增加企业经营风险产生作用，反垄断执法倾向性导致下游企业经营风险上升，从而挤占研发资金而导致产生研发抑制效应，证明了现阶段反垄断执法结构性失衡带来的负面经济后果。

综合而言，以《反垄断法》为核心的反垄断政策，在 2008 年之后对微观企业行为产生了重要影响。首先，反垄断政策旨在预防和制止垄断行为、保护市场公平竞争，逐步优化的市场环境、竞争环境、营商环境促进了市场向充分竞争、完全竞争发展，使得市场弱势企业通过研发活动获取市场优势地位与超额利润成为可能，同时也面临着更多的潜在进入威胁。其次，竞争激烈化使得资本要素的边际产出效率下降，企业试图以研发谋求产出增长，从而转变企业增长模式。同时，反垄断政策也改变了企业间的竞争方式，从单纯的产品市场竞争向技术市场竞争转变，空间自相关显示，《反垄断法》实施之后企业会受到行业内其他企业研发投入的影响而改变自身的研发投入策略，产生了研发投入的正外部性，这就说明企业的竞争战场也发生了转移。最后，反垄断政策因为在相当长一段时间内无法触及行政垄断的根本，导致了执法倾向性，使得下游行业企业面临更为严峻的生存环境，导致下游行业缺乏研发资金支持的利润基础，影响了研发投入的提升。可见，反垄断政策既有"竞争引致效应"，若使用不当又有严重的负面经济后果，因此未来的重心仍应当放在破除行政垄断这一"硬骨头"上。

7.2 相关政策建议

我国市场经济脱胎于计划经济，在典型的转型经济体中，行政权力对市场经济干预的直接微观结果是广义生产要素的错配，按本书三个研究视角，其可以表现为传统生产要素的价格扭曲（要素市场）、用于研发竞争的资金被非生产性寻利活动所占用（技术市场）、上游行业战略性垄断（中间品市场）。而我国《反垄断法》对竞争的促进作用既表现在经济垄断行为的限制，也表现在行政垄断的破除，其真正的作用路径是企业付出成本与获得市场机会的均等化，这种均等化表现为税收均等、准入均等、贷款利率均等、贷款机会均等、补贴地位均等。这些均等恰恰是处理政府与市场关系的边界问题，即政府应当一视同仁地向市场主体释放上述资源，市场主体之间在获取上述资源的机会或数量上，只能因技术或效率的差距而不能因与政府关系的亲疏而产生差异。因此，反垄断政策给予了不同市场主体平等竞争的地位和保护其不受经济垄断行为的侵害。此时，市场中的企业仅能因为广义的技术差距获取先行垄断利润或被淘汰出局，从而激励企业不断创新。

政府与市场的边界可以通过《反垄断法》与《公平竞争审查制度》强化与明确，此时经济垄断与行政垄断均难以突破"政府与市场的边界"。然而，国有企业作为转型经济体中最为特殊的市场竞争主体，因其承担了社会责任、国家战略布局、宏观调控任务等，一方面政府出于"父爱主义"与留存可调用资源的目的更倾向于向国有企业倾斜相关要素资源，另一方面即便政府均等地向市场释放要素资源，但国有企业事实承担了额外的非经济责任，其凭借既有垄断地位形成"行政性企业垄断"持续地占用市场资源也被政府默许，甚至受到《反垄断法》"豁免"条款的保护，这也是《反垄断法》多年以来被诟病无法撼动"行政性企业垄断"的原因所在。"行政性企业垄断"问题归根结底是"国有企业与市场的边界问题"，从企业个体出发，就是涉及"国有企业分类改革"的问题，由于不同的国有企业其设立目的、市场定位均不相同，反垄断政策要触及"行政性企业垄断"就必须通过国有企业重新分类来进行。

我国现有的国企分类体系存在分类标志不统一的缺陷，应当按照企业的设立目的和企业的市场定位重新划分国有企业类型。国有企业按设立目的应分为国家性企业、社会性企业和商业性企业。为了更好地与已有的表达相一致，可以将国家性企业表达为政策性企业，将社会性企业表达为公益性企业；而国有企业按市场定位应分为垄断型企业、混合型企业（是指兼具国家垄断和市场竞争两种特性的企业）和竞争型企业。在学理上就可以将两种分类交叉，进而形成九种组合：

政策性垄断型企业、公益性垄断型企业、商业性垄断型企业；
政策性混合型企业、公益性混合型企业、商业性混合型企业；
政策性竞争型企业、公益性竞争型企业、商业性竞争型企业。

由于这里的垄断是指国家垄断，所以商业性垄断型企业和商业性混合型企业并不存在。同时政策性竞争型企业也不存在，这里的政策性也就是国家垄断性，从而就不可能存在自由竞争的可能性。公益性竞争型企业从市场的角度看主要是指各种民营的公益性企业，如民办教育、民办养老机构等，它们充分地参与市场竞争，这类企业如果站在国家视角显然不属于国有企业，当然就可以不包括在国有企业的分类中。而其他类型就属于国有企业的基本分类：政策性垄断型企业，如国家烟草总公司和中储粮总公司；公益性垄断型企业，如北京市自来水总公司（国家层面并不直接提供此类社会服务，而是由当地的城市提供）；政策性混合型企业，如国家的各类军工企业、石油企业，它们一方面受国家指派垄断某一领域的生产经营，另一方面又从事民品的生产；公益性混合型企业，如北京地铁、北京巴士、北京热力，这类公司整体上是提供社会服务，政府通常会对这些企业提供一定的政策补贴，但它们仍然要参与市场竞争，也就是在市场中还存在其他同类竞争对手；商业性竞争型企业，如中国铝业、华润集团。这类企业以平等的地位充分参与市场竞争的各类企业。这样站在我国国企的现实背景看，国有企业的分类只包括五类：政策性垄断型企业，公益性垄断型企业，政策性混合型企业，公益性混合型企业，商业性竞争型企业。

国有企业分类管理的意义在于，针对不同国有企业的设立目的和市场定位，决定企业与行政权力的距离和与市场竞争的关系。比如政策性垄断型企业具有政策垄断与国家垄断的行业特点，而公益性垄断型企业因其产品为公共品而具有政府垄断特征，这两个类型的国有企业所在的行业，恰恰是市场之手所难以调整的领域，应当以行政权力为主来经营；又比如商业性竞争型企业应当彻底剥离行政权力的延伸与保护，以公平的姿态参与市场竞争；再如政策性混合型企业现阶段受政策保护而处于盈利状态，由于其肩负政策性使命从而无法脱离行政权力而参与市场竞争，针对这类企业应当在其完成阶段性历史任务后迅速确定其退出市场或剥离行政权力公平参与市场竞争，以明确政府与国企的关系边界；而针对政策性混合型企业往往是需要巨额投资的行业，其合作效应大于竞争效应，应当适度给予行为豁免，以促进知识累积与技术溢出效应的产生。

总而言之，妥善处理"政府与市场""政府与国企""国企与市场"之间的关系并明确其边界，能够更好发挥《反垄断法》对经济垄断、行政垄断抑制作用的同时，促进政府向市场平等地释放要素、提高市场中的要素流动、促进既有要素资源在市场主体中的再分配，以此改善市场环境、奠定竞争基础，改变国企"与民争利"的格局，才是真正促进研发与技术创新的根本。

7.3 研究局限与展望

本书由于数据局限性、变量缺失的普遍存在与论文篇幅的限制,本书的研究结论与研究内容在全面性与完整性上可能存在欠缺,与此同时,空间计量时变空间模型尚缺乏软件实现工具,也为本书技术市场部分的空间溢出效应带来一定的局限性。本书认为,未来在反垄断与研发投入策略的研究可以继续努力的方向有:(1)反垄断执法倾向性不仅存在于下游和上游企业,可以通过寻找不同的研究情境来多方位考察反垄断执法倾向性的危害;(2)寻找并应用更为科学与稳定、确凿的研究方法(比如断点回归法),以更新的计量技术与视角重新看待反垄断与研发投入的问题;(3)在空间计量方法应用上,空间时变模型与DID模型可以进一步研究,以可以明确考察空间溢出效应在不同时点、不同分组的差异,从而明确反垄断对空间相关性的确切影响。

参 考 文 献

[1] 白俊红、卞元超：《要素市场扭曲与中国创新生产的效率损失》，载《中国工业经济》2016年第11期。

[2] 白俊红、蒋伏心：《协同创新、空间关联与区域创新绩效》，载《经济研究》2015年第7期。

[3] 白俊红、王钺、蒋伏心、李婧：《研发要素流动、空间知识溢出与经济增长》，载《经济研究》2017年第7期。

[4] 柏培文：《中国劳动要素配置扭曲程度的测量》，载《中国工业经济》2012年第10期。

[5] 白让让：《纵向结构与投入品竞价合谋的悖论分析——日资配件企业"垄断协议"案的若干思考》，载《财经研究》2016年第5期。

[6] 才国伟、杨豪：《外商直接投资能否改善中国要素市场扭曲》，载《中国工业经济》2019年第10期。

[7] 蔡竞、董艳：《银行业竞争与企业创新——来自中国工业企业的经验证据》，载《金融研究》2016年第11期。

[8] 蔡宁、贺锦江、王节祥：《"互联网+"背景下的制度压力与企业创业战略选择——基于滴滴出行平台的案例研究》，载《中国工业经济》2017年第3期。

[9] 柴冰倩：《国有工业企业利润来源研究》，浙江大学学位论文，2016年。

[10] 陈传明：《企业战略调整的路径依赖特征及其超越》，载《管理世界》2002年第6期。

[11] 陈德球、金雅玲、董志勇：《政策不确定性、政治关联与企业创新效率》，载《南开管理评论》2016年第4期。

[12] 陈钦源、马黎珺、伊志宏：《分析师跟踪与企业创新绩效——中国的逻辑》，载《南开管理评论》2017年第3期。

[13] 陈思、何文龙、张然：《风险投资与企业创新：影响和潜在机制》，载《管理世界》2017年第1期。

[14] 陈信元、靳庆鲁、肖土盛、张国昌：《行业竞争、管理层投资决策与公司增长/清算期权价值》，载《经济学（季刊）》2014年第1期。

[15] 陈彦斌、马啸、刘哲希：《要素价格扭曲、企业投资与产出水平》，载《世界经济》2015年第9期。

[16] 陈强：《如何使用双重差分法的交叉项》，https://mp.weixin.qq.com/s/M9RWjBA6W4z3_eQtiuYMyg，2019-09-02.

[17] 戴魁早、刘友金：《要素市场扭曲如何影响创新绩效》，载《世界经济》2016年第11期。

[18] 邓光耀、张忠杰：《全球价值链视角下中国和世界主要国家（地区）分工地位的比较研究——基于行业上游度的分析》，载《经济问题探索》2018年第8期。

[19] 董有德、唐云龙：《中国产业价值链位置的定量测算——基于上游度和出口国内增加值的分析》，载《上海经济研究》2017年第2期。

[20] 樊宇杰：《上游垄断、中间投入与企业创新：理论分析》，载《特区经济》2018年第10期。

[21] 范子英、赵仁杰：《法治强化能够促进污染治理吗？——来自环保法庭设立的证据》，载《经济研究》2019年第3期。

[22] 盖庆恩、方聪龙、朱喜、程名望：《贸易成本、劳动力市场扭曲

与中国的劳动生产率》，载《管理世界》2019 年第 3 期。

[23] 盖庆恩、朱喜、程名望、史清华：《要素市场扭曲、垄断势力与全要素生产率》，载《经济研究》2015 年第 5 期。

[24] 高山行、谢言、王玉玺：《企业 R&D 能力、外部环境不确定性对合作创新模式选择的实证研究》，载《科学学研究》2009 年第 6 期。

[25] 郭树龙、葛健、刘玉斌：《上游垄断阻碍了下游企业创新吗?》，载《产经评论》2019 年第 2 期。

[26] 郭玥：《政府创新补助的信号传递机制与企业创新》，载《中国工业经济》2018 年第 9 期。

[27] 韩国高、高铁梅、王立国、齐鹰飞、王晓姝：《中国制造业产能过剩的测度、波动及成因研究》，载《经济研究》2011 年第 12 期。

[28] 郝威亚、魏玮、温军：《经济政策不确定性如何影响企业创新?——实物期权理论作用机制的视角》，载《经济管理》2016 年第 10 期。

[29] 郝项超、梁琪、李政：《融资融券与企业创新：基于数量与质量视角的分析》，载《经济研究》2018 年第 6 期。

[30] 贺小刚、朱丽娜、杨婵、王博霖：《经营困境下的企业变革："穷则思变"假说检验》，载《中国工业经济》2017 年第 1 期。

[31] 何瑛、于文蕾、杨棉之：《CEO 复合型职业经历、企业风险承担与企业价值》，载《中国工业经济》2019 年第 9 期。

[32] 何玉润、林慧婷、王茂林：《产品市场竞争、高管激励与企业创新——基于中国上市公司的经验证据》，载《财贸经济》2015 年第 2 期。

[33] 胡奕明、徐明霞、刘龙雪：《企业向高"上游度"行业转型：进击或退却?——基于上市公司行业分类代码变动的实证研究》，载《投资研究》2018 年第 9 期。

[34] 黄路、曹洪：《上游垄断对下游企业 R&D 投入的效应分析与启示》，载《软科学》2005 年第 6 期。

[35] 江轩宇、申丹琳、李颖：《会计信息可比性影响企业创新吗》，载《南开管理评论》2017 年第 4 期。

[36] 靳来群、林金忠、丁诗诗：《行政垄断对所有制差异所致资源错配的影响》，载《中国工业经济》2015 年第 4 期。

[37] 鞠晓生、卢荻、虞义华：《融资约束、营运资本管理与企业创新可持续性》，载《经济研究》2013 年第 1 期。

[38] 阚放：《推进中国在全球价值链分工中地位升级的路径研究》，辽宁大学博士学位论文，2016 年。

[39] 李伯含：《中国房地产业的市场结构与竞争行为研究》，中共中央党校博士学位论文，2006 年。

[40] 李常青、李宇坤、李茂良：《控股股东股权质押与企业创新投入》，载《金融研究》2018 年第 7 期。

[41] 李凯、赵伟光：《转售价格维持与竞争损害：以中国乘用车市场为例》，载《经济学动态》2018 年第 12 期。

[42] 李世杰、李伟：《产业链纵向价格形成机制与中间产品市场垄断机理研究——兼论原料药市场的垄断成因及反垄断规制》，载《管理世界》2019 年第 12 期。

[43] 李伟、安岗：《上游企业定价能力与独占交易排他条件》，载《产经评论》2017 年第 4 期。

[44] 李新春、肖宵：《制度逃离还是创新驱动？——制度约束与民营企业的对外直接投资》，载《管理世界》2017 年第 10 期。

[45] 李自杰、李毅、刘畅：《制度环境与合资企业战略突变：基于 788 家中小中外合资企业的实证研究》，载《管理世界》2011 年第 10 期。

[46] 黎文靖、郑曼妮：《实质性创新还是策略性创新？——宏观产业政策对微观企业创新的影响》，载《经济研究》2016 年第 4 期。

[47] 林文、甘蜜：《中国反垄断行政执法大数据分析报告（2008—

2015）》，载《竞争法律与政策评论》2016年第2期。

[48] 林文、甘蜜：《2016年度中国反垄断行政执法报告》，载《竞争法律与政策评论》2017年第3期。

[49] 林文、甘蜜：《中国反垄断行政执法数据分析报告（2017）》，载《竞争法律与政策评论》2018年第4期。

[50] 林文、甘蜜：《中国反垄断行政执法数据分析报告（2018）》，载《竞争法律与政策评论》2019年第5期。

[51] 刘瑞明、石磊：《上游垄断、非对称竞争与社会福利——兼论大中型国有企业利润的性质》，载《经济研究》2011年第12期。

[52] 刘祥和、曹瑜强：《"金砖四国"分工地位的测度研究——基于行业上游度的视角》，载《国际经贸探索》2014年第6期。

[53] 刘宗明、吴正倩：《中间产品市场扭曲会阻碍能源产业全要素生产率提升吗——基于微观企业数据的理论与实证》，载《中国工业经济》2019年第8期。

[54] 龙小宁、朱艳丽、蔡伟贤、李少民：《基于空间计量模型的中国县级政府间税收竞争的实证分析》，载《经济研究》2014年第8期。

[55] 陆雄文主编：《管理学大辞典》，上海辞书出版社2013年版。

[56] 罗德明、李晔、史晋川：《要素市场扭曲、资源错置与生产率》，载《经济研究》2012年第3期。

[57] 吕云龙、吕越：《上游垄断会阻碍"中国制造"的价值链跃升吗？——基于价值链关联的视角》，载《经济科学》2018年第6期。

[58] 马大明、杜晓君、宋宝全、罗猷韬：《专利丛林问题研究——产生与发展、经济影响及度量》，载《产业经济评论》2012年第1期。

[59] 马风涛：《中国制造业全球价值链长度和上游度的测算及其影响因素分析——基于世界投入产出表的研究》，载《世界经济研究》2015年第8期。

[60] 毛海涛、钱学锋、张洁：《企业异质性、贸易自由化与市场扭曲》，载《经济研究》2018年第2期。

[61] 毛其淋：《外资进入自由化如何影响了中国本土企业创新？》，载《金融研究》2019年第1期。

[62] 毛其淋、许家云：《政府补贴、异质性与企业风险承担》，载《经济学（季刊）》2016年第4期。

[63] 孟庆斌、李昕宇、张鹏：《员工持股计划能够促进企业创新吗？——基于企业员工视角的经验证据》，载《管理世界》2019年第11期。

[64] 倪骁然、朱玉杰：《劳动保护、劳动密集度与企业创新——来自2008年〈劳动合同法〉实施的证据》，载《管理世界》2016年第7期。

[65] 聂辉华、谭松涛、王宇锋：《创新、企业规模和市场竞争：基于中国企业层面的面板数据分析》，载《世界经济》2008年第7期。

[66] 潘文卿、李跟强：《中国制造业国家价值链存在"微笑曲线"吗？——基于供给与需求双重视角》，载《管理评论》2018年第5期。

[67] 裴长洪、刘斌：《中国对外贸易的动能转换与国际竞争新优势的形成》，载《经济研究》2019年第5期。

[68] 彭泗清、韩践、赵志裕：《员工多元化管理与企业创新》，载《管理世界》2008年第8期。

[69] 漆丹：《我国银行业竞争推进制度研究》，载《法学评论》2015年第2期。

[70] 齐兰、王业斌：《国有银行垄断的影响效应分析——基于工业技术创新视角》，载《中国工业经济》2013年第7期。

[71] 沈鸿：《区位导向性政策、集聚经济与出口贸易转型发展》，暨南大学学位论文，2018年。

[72] 沈鸿、向训勇、顾乃华：《全球价值链嵌入位置与制造企业成本加成——贸易上游度视角的实证研究》，载《财贸经济》2019年第8期。

[73] 舒成利、高山行：《专利竞赛中企业R&D投资策略研究：马尔科夫链的视角》，载《管理工程学报》2009年第4期。

[74] 苏坤：《国有金字塔层级对公司风险承担的影响——基于政府控制级别差异的分析》，载《中国工业经济》2016年第6期。

[75] 孙飞：《医药供应链优化整合问题研究》，载《财经论丛》2013年第6期。

[76] 孙浦阳、蒋为、张龑：《产品替代性与生产率分布——基于中国制造业企业数据的实证》，载《经济研究》2013年第4期。

[77] 田轩、孟清扬：《股权激励计划能促进企业创新吗》，载《南开管理评论》2018年第3期。

[78] 王贵东：《中国制造业企业的垄断行为：寻租型还是创新型》，载《中国工业经济》2017年第3期。

[79] 王磊：《基于全球价值链分工的中国制造业升级路径研究》，武汉理工大学博士学位论文，2017年。

[80] 王琼芝：《论零售商在商品供应链中的逆向控制》，载《商业经济研究》2015年第17期。

[81] 王珊珊、邓守萍、王宏起等：《专利竞赛下的企业专利战略性运用与管理研究综述》，载《软科学》2018年第5期。

[82] 王永进、刘灿雷：《国有企业上游垄断阻碍了中国的经济增长？——基于制造业数据的微观考察》，载《管理世界》2016年第6期。

[83] 王永进、施炳展：《上游垄断与中国企业产品质量升级》，载《经济研究》2014年第4期。

[84] 王永钦、李蔚、戴芸：《僵尸企业如何影响了企业创新？——来自中国工业企业的证据》，载《经济研究》2018年第11期。

[85] 魏倩：《中外双边投资协定对价值链关联的影响》，对外经济贸易大学学位论文，2019年。

[86] 魏志华、曾爱民、李博：《金融生态环境与企业融资约束——基于中国上市公司的实证研究》，载《会计研究》2014 年第 5 期。

[87] 温军、冯根福、刘志勇：《异质债务、企业规模与 R&D 投入》，载《金融研究》2011 年第 1 期。

[88] 温忠麟、张雷、侯杰泰、刘红云：《中介效应检验程序及其应用》，载《心理学报》2004 年第 5 期。

[89] 吴汉洪、姜艳庆：《对中国银行业反垄断问题的思考》，载《经济学动态》2012 年第 11 期。

[90] 武红：《中国省域碳减排：时空格局、演变机理及政策建议——基于空间计量经济学的理论与方法》，载《管理世界》2015 年第 11 期。

[91] 夏后学、谭清美、白俊红：《营商环境、企业寻租与市场创新——来自中国企业营商环境调查的经验证据》，载《经济研究》2019 年第 4 期。

[92] 夏清华、黄剑：《市场竞争、政府资源配置方式与企业创新投入——中国高新技术企业的证据》，载《经济管理》2019 年第 8 期。

[93] 许和连、邓玉萍：《外商直接投资导致了中国的环境污染吗？——基于中国省际面板数据的空间计量研究》，载《管理世界》2012 年第 2 期。

[94] 徐璐、叶光亮：《竞争政策与跨国最优技术授权策略》，载《经济研究》2018 年第 2 期。

[95] 徐晓萍、张顺晨、许庆：《市场竞争下国有企业与民营企业的创新性差异研究》，载《财贸经济》2017 年第 2 期。

[96] 徐欣、唐清泉：《财务分析师跟踪与企业 R&D 活动——来自中国证券市场的研究》，载《金融研究》2010 年第 12 期。

[97] 闫付美：《生产性服务业 OFDI 与中国技术创新研究》，山东大学学位论文，2018 年。

[98] 杨川、川岛康男：《纵向一体化企业的理性策略：价格压榨》，载《中国工业经济》2012 年第 9 期。

[99] 杨风：《市场环境与研发投资——基于创业板上市公司的经验证据》，载《科学学研究》2016 年第 6 期。

[100] 杨杰：《中国对外直接投资动因研究》，对外经济贸易大学学位论文，2016 年。

[101] 杨志才、柏培文：《要素错配及其对产出损失和收入分配的影响研究》，载《数量经济技术经济研究》2017 年第 8 期。

[102] 叶光亮、程龙：《论纵向并购的反竞争效应》，载《中国社会科学》2019 年第 8 期。

[103] 叶卫平：《反垄断法的举证责任分配》，载《法学》2016 年第 11 期。

[104] 叶卫平：《反垄断法分析模式的中国选择》，载《中国社会科学》2017 年第 3 期。

[105] 叶欣、郭建伟、冯宗宪：《垄断到竞争：中国商业银行业市场结构的变迁》，载《金融研究》2001 年第 11 期。

[106] 应珊珊、蒋传海：《收入共享契约下价格歧视及配置效率分析》，载《管理科学学报》2018 年第 10 期。

[107] 余明桂、李文贵、潘红波：《管理者过度自信与企业风险承担》，载《金融研究》2013 年第 1 期。

[108] 余泳泽、刘大勇：《我国区域创新效率的空间外溢效应与价值链外溢效应——创新价值链视角下的多维空间面板模型研究》，载《管理世界》2013 年第 7 期。

[109] 喻言、任剑新、田苗：《中间品区别定价行为的竞争效应与反垄断规制——基于讨价还价理论的分析》，载《商业研究》2017 年第 5 期。

[110] 虞义华、赵奇锋、鞠晓生：《发明家高管与企业创新》，载《中

国工业经济》2018 年第 3 期。

[111] 袁晓东、侯帆：《专利丛林：内涵、测量与解决机制》，载《知识产权》2019 年第 6 期。

[112] 袁志刚、解栋栋：《中国劳动力错配对 TFP 的影响分析》，载《经济研究》2011 年第 7 期。

[113] 占丽、戴翔、张为付：《产业上游度、出口品质与全球价值链攀升——中美"悖论"的经验证据及启示》，载《财经科学》2018 年第 9 期。

[114] 张陈宇：《生产链位置是否影响创新模式选择》，载《管理世界》2020 年第 1 期。

[115] 张陈宇、孙浦阳、谢娟娟：《生产链位置是否影响创新模式选择》，载《管理世界》2020 年第 1 期。

[116] 张峰、黄玖立、王睿：《政府管制、非正规部门与企业创新：来自制造业的实证依据》，载《管理世界》2016 年第 2 期。

[117] 张杰、张少军、刘志彪：《多维技术溢出效应、本土企业创新动力与产业升级的路径选择——基于中国地方产业集群形态的研究》，载《南开经济研究》2007 年第 3 期。

[118] 张杰、郑文平、翟福昕：《竞争如何影响创新：中国情景的新检验》，载《中国工业经济》2014 年第 11 期。

[119] 张杰、周晓艳、李勇：《要素市场扭曲抑制了中国企业 R&D？》，载《经济研究》2011 年第 8 期。

[120] 张杰、周晓艳、郑文平、芦哲：《要素市场扭曲是否激发了中国企业出口》，载《世界经济》2011 年第 8 期。

[121] 张劲帆、李汉涯、何晖：《企业上市与企业创新——基于中国企业专利申请的研究》，载《金融研究》2017 年第 5 期。

[122] 张培刚主编：《微观经济学的产生和发展》，长沙湖南人民出版社 1999 年版。

[123] 张曙光、程炼：《中国经济转轨过程中的要素价格扭曲与财富转移》，载《世界经济》2010年第10期。

[124] 张璇、李子健、李春涛：《银行业竞争、融资约束与企业创新——中国工业企业的经验证据》，载《金融研究》2019年第10期。

[125] 张征宇、朱平芳：《地方环境支出的实证研究》，载《经济研究》2010年第5期。

[126] 赵骅、周洪祥：《基于产业链的产业集群连续垄断分析》，载《科技进步与对策》2008年第11期。

[127] 赵龙凯、岳衡、矫堃：《出资国文化特征与合资企业风险关系探究》，载《经济研究》2014年第1期。

[128] 赵小飞：《专利竞赛与专利信号》，载《科学学研究》2011年第1期。

[129] 甄艺凯：《双重转售价格维持的反竞争效应——基于中国汽车行业的分析》，载《中国工业经济》2016年第5期。

[130] 植草益主编：《产业组织论》，筑摩出版社1982年版。

[131] 植草益主编：《微观规制经济学》，中国发展出版社1992年版。

[132] 钟凯、程小可、肖翔、郑立东：《宏观经济政策影响企业创新投资吗——基于融资约束与融资来源视角的分析》，载《南开管理评论》2017年第6期。

[133] 钟腾、汪昌云：《金融发展与企业创新产出——基于不同融资模式对比视角》，载《金融研究》2017年第12期。

[134] 周开国、卢允之、杨海生：《融资约束、创新能力与企业协同创新》，载《经济研究》2017年第7期。

[135] 周茜：《行业特征、知识外部性与企业自主创新》，暨南大学学位论文，2012年。

[136] 祝继高、陆正飞：《产权性质、股权再融资与资源配置效率》，

载《金融研究》2011年第1期。

[137] 朱平芳、张征宇、姜国麟：《FDI 与环境规制：基于地方分权视角的实证研究》，载《经济研究》2011 年第 6 期。

[138] Acharya V. V. , Subramanian K. V. . "Bankruptcy Codes and Innovation". *The Review of Financial Studies*, 2009, Vol. 22, No. 12, pp. 4949 - 4988.

[139] Adhikari B. K. , Agrawal A. . "Religion, Gambling Attitudes and Corporate Innovation". *Journal of Corporate Finance*, 2016, Vol. 37, No. , pp. 229 - 248.

[140] Agarwal V. , Vashishtha R. , Venkatachalam M. . "Mutual Fund Transparency and Corporate Myopia". *The Review of Financial Studies*, 2018, Vol. 31, No. 5, pp. 1966 - 2003.

[141] Aghion P. , Bloom N. , Blundell R. , Et Al. "Competition and Innovation: An Inverted - U Relationship". *The Quarterly Journal of Economics*, 2005, Vol. 120, No. 2, pp. 701 - 728.

[142] Aghion P. , Van Reenen J. , Zingales L. . "Innovation and Institutional Ownership". *American Economic Review*, 2013, Vol. 103, No. 1, pp. 277 - 304.

[143] Akcigit U. , Grigsby J. , Nicholas T. , Et Al. "Taxation and Innovation In The 20th Century". *National Bureau of Economic Research*, 2018, Vol. , No. , pp.

[144] Alchian A. A. . "Uncertainty, Evolution, and Economic Theory". *Journal of Political Economy*, 1950, Vol. 58, No. 3, pp. 211 - 221.

[145] Allen F. . "Corporate Governance In Emerging Economies". *Oxford Review of Economic Policy*, 2005, Vol. 21, No. 2, pp. 164 - 177.

[146] Amore M. D. , Schneider C. , Žaldokas A. . "Credit Supply and Cor-

porate Innovation". *Journal of Financial Economics*, 2013, Vol. 109, No. 3, pp. 835 – 855.

[147] Anelli M., Basso G., Ippedico G., Et Al. "Youth Drain, Entrepreneurship and Innovation". *National Bureau of Economic Research*, 2019, Vol. , No. , pp.

[148] Anselin L., Bongiovanni R., Lowenberg – Deboer J.. "A Spatial Econometric Approach To The Economics of Site – Specific Nitrogen Management In Corn Production". *American Journal of Agricultural Economics*, 2004, Vol. 86, No. 3, pp. 675 – 687.

[149] Antràs P., Chor D., Fally T., Hillberry R.. "Measuring The Upstreamness of Production and Trade Flows". *American Economic Review*, 2012, Vol. 102, No. 3, pp. 412 – 416.

[150] Arrow K. J.. "Economic Welfare and The Allocation of Resources For Invention". *National Bureau of Economic Research*, 1972, Vol. 12, No. , pp. 609 – 626.

[151] Artés J.. "Long – Run Versus Short – Run Decisions: R&D and Market Structure In Spanish Firms". *Research Policy*, 2009, Vol. 38, No. 1, pp. 120 – 132.

[152] Atanassov J.. "Do Hostile Takeovers Stifle Innovation? Evidence From Antitakeover Legislation and Corporate Patenting". *The Journal of Finance*, 2013, Vol. 68, No. 3, pp. 1097 – 1131.

[153] Atanassov J., Liu X.. "Can Corporate Income Tax Cuts Stimulate Innovation?". *Journal of Financial and Quantitative Analysis*, 2019, Vol. , No. , pp. 1 – 51.

[154] Ayyagari M., Demirgüç – Kunt A., Maksimovic V.. "Formal Versus Informal Finance: Evidence From China". *The Review of Financial Studies*,

2010, Vol. 23, No. 8, pp. 3048 – 3097.

[155] Badinger H., Egger P.. "Intra-and Inter – Industry Productivity Spillovers In OECD Manufacturing: A Spatial Econometric Perspective". *Cesifo Working Paper Series*, 2008, No. 1.

[156] Bain J S.. "Market Classifications In Modern Price Theory". *The Quarterly Journal of Economics*, 1942, Vol. 56, No. 4, pp. 560 – 574.

[157] Baker S., Mezzetti C.. "Disclosure As A Strategy In The Patent Race". *The Journal of Law and Economics*, 2005, Vol. 48, No. 1, pp. 173 – 194.

[158] Barney J.. "Firm Resources and Sustained Competitive Advantage". *Journal of Management*, 1991, Vol. 17, No. 1, pp. 99 – 120.

[159] Bartelsman E., Haltiwanger J., Scarpetta S. "Cross – Country Differences In Productivity: The Role of Allocation and Selection". *American Economic Review*, 2013, Vol. 103, No. 1, pp. 305 – 334.

[160] Benfratello L., Schiantarelli F., Sembenelli A.. "Banks and Innovation: Microeconometric Evidence On Italian Firms". *Journal of Financial Economics*, 2008, Vol. 90, No. 2, pp. 197 – 217.

[161] Bernstein S.. "Does Going Public Affect Innovation?". *The Journal of Finance*, 2015, Vol. 70, No. 4, pp. 1365 – 1403.

[162] Bhattacharya U., Hsu P. H., Tian X., Et Al. "What Affects Innovation More: Policy Or Policy Uncertainty?". *Journal of Financial and Quantitative Analysis*, 2017, Vol. 52, No. 5, pp. 1869 – 1901.

[163] Biedenbach T., Sderholm A.. "The Challenge of Organizing Change In Hypercompetitive Industries: A Literature Review". *Journal of Change Management*, 2008, Vol. 8, No. 2, pp. 123 – 145.

[164] Blundell R., Griffith R., Van Reenen J.. "Market Share, Market

Value and Innovation In A Panel of British Manufacturing Firms". *The Review of Economic Studies*, 1999, Vol. 66, No. 3, pp. 529 – 554.

[165] Boone J.. "A New Way To Measure Competition". *The Economic Journal*, 2008, Vol. 118, No. 531, pp. 1245 – 1261.

[166] Borgstedt P., Neyer B., Schewe G.. "Paving The Road To Electric Vehicles – A Patent Analysis of The Automotive Supply Industry". *Journal of Cleaner Production*, 2017, Vol. , No. 167, pp. 75 – 87.

[167] Brav A., Jiang W., Ma S., Et Al. "How Does Hedge Fund Activism Reshape Corporate Innovation?". *Journal of Financial Economics*, 2018, Vol. 130, No. 2, pp. 237 – 264.

[168] Brown J. R., Martinsson G., Petersen B. C.. "Law, Stock Markets, and Innovation". *The Journal of Finance*, 2013, Vol. 68, No. 4, pp. 1517 – 1549.

[169] Buera F. J., Kaboski J. P., Shin Y. "Finance and Development: A Tale of Two Sectors". *American Economic Review*, 2011, Vol. 101, No. 5, pp. 1964 – 2002.

[170] Burk D. L., Lemley M. A.. "Policy Levers In Patent Law". *Virginia Law Review*, 2003, Vol. , No. 89, pp. 1575 – 1696.

[171] Busenitz L. W., Gomez C., Spencer J. W. "Country Institutional Profiles: Unlocking Entrepreneurial Phenomena". *Academy of Management Journal*, 2000, Vol. 43, No. 5, pp. 994 – 1003.

[172] Cai J., Chen Y., Wang X.. "The Impact of Corporate Taxes On Firm Innovation: Evidence From The Corporate Tax Collection Reform In China". *National Bureau of Economic Research*, 2018.

[173] Campante F., Katz M.. "A Drug For Cancer Or A Drug For Depression? R&D Effort In A Multi – Market Setting". *Harvard University*, 2007.

[174] Carlin W., Schaffer M, . Seabright P.. "A Minimum of Rivalry: Evidence From Transition Economies On The Importance of Competition For Innovation and Growth". *Contributions In Economic Analysis & Policy*, 2004, Vol. 3, No. 1.

[175] Case A. C., Rosen H. S., Hines J. R.. "Budget Spillovers and Fiscal Policy Interdependence: Evidence From The States". *Journal of Public Economics*, 1993, Vol. 52, No. , pp. 285 – 307.

[176] Chamberlin E. H.. "Monopolistic Competition Revisited". *Economica*, 1951, Vol. 18, No. 72, pp. 343 – 362.

[177] Chan C. M., Makino S.. "Legitimacy and Multi – Level Institutional Environments: Implications For Foreign Subsidiary Ownership Structure". *Journal of International Business Studies*, 2007, Vol. 38, No. 4, pp. 621 – 638.

[178] Chandler A. D.. "Strategy and Structure: Chapters In The History of American Industrial Enterprises". *Cambridge Mitpress*, 1962.

[179] Chava S., Oettl A., Subramanian A., Et Al. "Banking Deregulation and Innovation". *Journal of Financial Economics*, 2013, Vol. 109, No. 3, pp. 759 – 774.

[180] Chen Z., Liu Z., SuÁRez Serrato J. C., Et Al. "Notching R&D Investment With Corporate Income Tax Cuts In China". *National Bureau of Economic Research*, 2018, Vol. , No. , pp.

[181] Choi S. C.. "Price Competition In A Channel Structure With A Common Retailer". *Marketing Science*, 1991, Vol. 10, No. 4, pp. 271 – 296.

[182] Cockburn I., Henderson R.. "Racing To Invest? The Dynamics of Competition In Ethical Drug Discovery". *Journal of Economics & Management Strategy*, 1994, Vol. 3, No. 3, pp. 481 – 519.

[183] Cornaggia J., Mao Y., Tian X., Et Al. "Does Banking Competi-

tion Affect Innovation?". *Journal of Financial Economics*, 2015, Vol. 115, No. 1, pp. 189 – 209.

[184] Correa J. A., Ornaghi C.. "Competition & Innovation: Evidence From US Patent and Productivity Data". *The Journal of Industrial Economics*, 2014, Vol. 62, No. 2, pp. 258 – 285.

[185] CrÉPon B., Duguet E., Mairessec J.. "Research, Innovation and Productivity: An Econometric Analysis At The Firm Level". *Economics of Innovation and New Technology*, 1998, Vol. 7, No. 2, pp. 115 – 158.

[186] Dasgupta P., Stiglitz J.. "Industrial Structure and The Nature of Innovative Activity". *The Economic Journal*, 1980, Vol. 90, No. 358, pp. 266 – 293.

[187] De Loecker J., Warzynski F.. "Markups and Firm – Level Export Status". *American Economic Review*, 2012, Vol. 102, No. 6, pp. 2437 – 2471.

[188] Defond M. L., Park C. W.. "The Effect of Competition On CEO Turnover". *Journal of Accounting and Economics*, 1999, Vol. 27, No. 1, pp. 35 – 56.

[189] Demirbag M., Tatoglu E., Glaister K. W. "Factors Affecting Perceptions of The Choice Between Acquisition and Greenfield Entry: The Case of Western FDI In An Emerging Market". *Management International Review*, 2008, Vol. 48, No. 1, pp. 5 – 38.

[190] Derrien F., Dessaint O.. "The Effects of Investment Bank Rankings: Evidence From M&A League Tables". *Review of Finance*, 2018, Vol. 22, No. 4, pp. 1375 – 1411.

[191] Dollar D., Wei, S. J. "Das (Wasted) Kapital: Firm Ownership and Investment Efficiency In China". *IMF Working Paper*, 2007.

[192] Epifani P., Gancia G.. "Trade, Markup Heterogeneity and Misallo-

cations". *Journal of International Economics*, 2011, Vol. 83, No. 1, pp. 1 – 13.

[193] Fang L. H., Lerner J., Wu C.. "Intellectual Property Rights Protection, Ownership, and Innovation: Evidence From China". *The Review of Financial Studies*, 2017, Vol. 30, No. 7, pp. 2446 – 2477.

[194] Fang V. W., Tian X., Tice S.. "Does Stock Liquidity Enhance Or Impede Firm Innovation?". *The Journal of Finance*, 2014, Vol. 69, No. 5, pp. 2085 – 2125.

[195] Fidrmuc J. P., Roosenboom P., Zhang E. Q. "Antitrust Merger Review Costs and Acquirer Lobbying". *Journal of Corporate Finance*, 2018, Vol. 51, No., pp. 72 – 97.

[196] Fu R., Kraft A., Zhang H.. "Financial Reporting Frequency, Information Asymmetry, and The Cost of Equity". *Journal of Accounting and Economics*, 2012, Vol. 54, No. 44230, pp. 132 – 149.

[197] Fudenberg D., Tirole J.. "Preemption and Rent Equalization In The Adoption of New Technology". *The Review of Economic Studies*, 1985, Vol. 52, No. 3, pp. 383 – 401.

[198] Fudenberg D., Gilbert R., Stiglitz J., Et Al. "Preemption, Leapfrogging and Competition In Patent Races". *European Economic Review*, 1983, Vol. 22, No. 1, pp. 3 – 31.

[199] Galasso A., Simcoe T. S.. "CEO Overconfidence and Innovation". *Management Science*, 2011, Vol. 57, No. 8, pp. 1469 – 1484.

[200] Gaspar J. M., Massa M.. "Idiosyncratic Volatility and Product Market Competition". *The Journal of Business*, 2006, Vol. 79, No. 6, pp. 3125 – 3152.

[201] Giroud X., Mueller H. M.. "Corporate Governance, Product Market Competition, and Equity Prices". *The Journal of Finance*, 2011, Vol. 66, No. 2, pp. 563 – 600.

[202] Gonçalves A. B. , Schiozer R. F. , Sheng H. H. . "Trade Credit and Product Market Power During A Financial Crisis". *Journal of Corporate Finance*, 2018, Vol. 49, No. , pp. 308 – 323.

[203] Grabowski H. G. , Baxter N. D. . "Rivalry In Industrial Research and Development: An Empirical Study". *The Journal of Industrial Economics*, 1973, Vol. , No. , pp. 209 – 235.

[204] Grajzl P. , Baniak A. . "Private Enforcement, Corruption, and Antitrust Design". *Journal of Comparative Economics*, 2018, Vol. 46, No. 1, pp. 284 – 307.

[205] Griffith D. A. , Michael G. . "A Resource Perspective of Global Dynamic Capabilities". *Journal of International Business Studies*, 2001, Vol. 32, No. 3, pp. 597 – 606.

[206] Griffith R. , Huergo E. , Mairesse J. , Et Al. "Innovation and Productivity Across Four European Countries". *Oxford Review of Economic Policy*, 2006, Vol. 22, No. 4, pp. 483 – 498.

[207] Grossman G. M. , Shapiro C. . "Dynamic R&D Programs". *Economic Journal*, 1987, Vol. 97, No. , pp. 372 – 387.

[208] Guner N. , Ventura G. , Xu Y. . "Macroeconomic Implications of Size – Dependent Policies ". *Review of Economic Dynamics*, 2007, Vol. 11, No. 4, pp. 721 – 744.

[209] Hall B. H. . "The Financing of Research and Development". *Oxford Review of Economic Policy*, 2002, Vol. 18, No. 1, pp. 35 – 51.

[210] Hashmi A. R. . "Competition and Innovation: The Inverted – U Relationship Revisited". *Review of Economics and Statistics*, 2013, Vol. 95, No. 5, pp. 1653 – 1668.

[211] He J. , Tian X. . "The Dark Side of Analyst Coverage: The Case of

Innovation". *Journal of Financial Economics*, 2013, Vol. 109, No. 3, pp. 856 – 878.

[212] Henisz W. J.. "The Institutional Environment For Economic Growth". *Economics & Politics*, 2000, Vol. 12, No. 1, pp. 1 – 31.

[213] Henisz W. J.. "The Institutional Environment For Multinational Investment". *The Journal of Law, Economics, and Organization*, 2000, Vol. 16, No. 2, pp. 334 – 364.

[214] Herrera A. M., Minetti R.. "Informed Finance and Technological Change: Evidence From Credit Relationships". *Journal of Financial Economics*, 2007, Vol. 83, No. 1, pp. 223 – 269.

[215] Holmstr? m B.. "Agency Costs and Innovation". *IUI Working Paper*, 1989, Vol., No., pp.

[216] Howell S. T.. "Financing Innovation: Evidence From R&D Grants". *American Economic Review*, 2017, Vol. 107, No. 4, pp. 1136 – 1164.

[217] Hsieh C., Klenow P. J.. "Misallocation and Manufacturing TFP In China and India". *Quarterly Journal of Economics*, 2009, Vol. 124, No. 4, pp. 1403 – 1448.

[218] Hsu P. H., Tian X., Xu Y.. "Financial Development and Innovation: Cross – Country Evidence". *Journal of Financial Economics*, 2014, Vol. 112, No. 1, pp. 116 – 135.

[219] Hung T. Y., Negassi S. "Advantage In The Management of Research: Firm Technological Race On Innovation". *Advances In Management*, 2011, Vol. 4, No. 3, pp. 26 – 39.

[220] Irvine P. J., Pontiff J. "Idiosyncratic Return Volatility, Cash Flows, and Product Market Competition". *The Review of Financial Studies*, 2009, Vol. 22, No. 3, pp. 1149 – 1177.

［221］Kraus F. , Puhani P. , Steiner V. . "Do Public Works Programs Work In Eastern Germany?". *Research In Labor Economics*, 2000, Vol. 19, No. , pp. 275 – 313.

［222］Lee T. , Wilde L. L. . "Market Structure and Innovation: A Reformulation". *The Quarterly Journal of Economics*, 1980, Vol. 94, No. 2, pp. 429 – 436.

［223］Lee Lung – Fei, Yu Jihai. "QML Estimation of Spatial Dynamic Panel Data Models With Time Varying Spatial Weights Matrices". *Spatial Economic Analysis*, 2012, Vol. 7, No. 1, pp. 31 – 74.

［224］Lerner J. . "Venture Capital and Private Equity: A Course Overview". *Available At SSRN* 79148, 1997.

［225］Levinsohn J. , Petrin A. . "Estimating Production Functions Using Inputs To Control For Unobservables". *The Review of Economic Studies*, 2003, Vol. 70, No. 2, pp. 317 – 341.

［226］Levin R. C. , Cohen W. M. , Mowery D. C. . "R&D Appropriability, Opportunity, and Market Structure: New Evidence On Some Schumpeterian Hypotheses". *The American Economic Review*, 1985, Vol. 75, No. 2, pp. 20 – 24.

［227］Li H. , Ding G. , Li X. . "The Impact of Leadership On Employee Innovation Behavior In The Context of China: The Perspective of Paternalistic Leadership Ternary Theory". *Chinese Journal of Management*, 2014, Vol. 11, No. 7, pp. 1005 – 1013.

［228］Lichtman D. G. , Baker S. A. , Kraus K. . "Strategic Disclosure In The Patent System". 2000, U Chicago Law & Economics, Olin Working Paper No. 107, Available at SSRN: https://ssrn.com/abstract = 243414 or http://dx.doi.org/10.2139/ssrn.243414.

［229］Lim C. S. H. , Yurukoglu A. . "Dynamic Natural Monopoly Regulation: Time Inconsistency, Moral Hazard, and Political Environments". *Journal of Political Economy*, 2018, Vol. 126, No. 1, pp. 263 – 312.

[230] Luong H., Moshirian F., Nguyen L., et al. "How Do Foreign Institutional Investors Enhance Firm Innovation?". *Journal of Financial and Quantitative Analysis*, 2017, Vol. 52, No. 4, pp. 1449 – 1490.

[231] Manso G.. "Motivating Innovation". *The Journal of Finance*, 2011, Vol. 66, No. 5, pp. 1823 – 1860.

[232] Marshall J. M.. "Moral Hazard". *The American Economic Review*, 1976, Vol. 66, No. 5, pp. 880 – 890.

[233] Meyer J. W., Rowan B.. "Institutionalized Organizations: Formal Structure As Myth and Ceremony". *American Journal of Sociology*, 1977, Vol. 83, No. 2, pp. 340 – 363.

[234] Midrigan V., Xu D. Y.. "Finance and Misallocation: Evidence From Plant – Level Data". *American Economic Review*, 2014, Vol. 104, No. 2, pp. 422 – 458.

[235] Moser P.. "How Do Patent Laws Influence Innovation? Evidence From Nineteenth – Century World's Fairs". *American Economic Review*, 2005, Vol. 95, No. 4, pp. 1214 – 1236.

[236] Narayanan M. P.. "Managerial Incentives For Short – Term Results". *The Journal of Finance*, 1985, Vol. 40, No. 5, pp. 1469 – 1484.

[237] Newman K. L.. "Organizational Transformation During Institutional Upheaval". *Academy of Management Review*, 2000, Vol. 25, No. 3, pp. 602 – 619.

[238] Okada Y.. "Competition and Productivity In Japanese Manufacturing Industries". *Journal of The Japanese and International Economies*, 2005, Vol. 19, No. 4, pp. 586 – 616.

[239] Olley S., Pakes A.. "Market Share, Market Value and Innovation In A Panel of British Manufacturing Firms". *Econometrica*, 1996, Vol. 64, No. 6, pp. 1263 – 1297.

[240] Parchomovsky G.. "Publish Or Perish". *Michigan Law Review*, 2000, Vol. 98, No. 4, pp. 926 – 952.

[241] Peneder M.. "Competition and Innovation: Revisiting The Inverted – U Relationship". *Journal of Industry, Competition and Trade*, 2012, Vol. 12, No. 1, pp. 1 – 5.

[242] Peng M. W., Heath P. S. "The Growth of The Firm In Planned Economies In Transition: Institutions, Organizations, and Strategic Choice". *Academy of Management Review*, 1996, Vol. 21, No. 2, pp. 492 – 528.

[243] Peng M. W., Wang D. Y., Jiang Y. "An Institution – Based View of International Business Strategy: A Focus On Emerging Economies". *Journal of International Business Studies*, 2008, Vol. 39, No. 5, pp. 920 – 936.

[244] Peroni C., Ferreira I. S. G.. "Competition and Innovation In Luxembourg". *Journal of Industry, Competition and Trade*, 2012, Vol. 12, No. 1, pp. 93 – 117.

[245] Polder M., Veldhuizen E. "Innovation and Competition In The Netherlands: Testing The Inverted – U For Industries and Firms". *Journal of Industry, Competition and Trade*, 2012, Vol. 12, No. 1, pp. 67 – 91.

[246] Porta R. L., Lopez – De – Silanes F., Shleifer A., Vishny R. W.. "Law and Finance". *Journal of Political Economy*, 1998, Vol. 106, No. 6, pp. 1113 – 1155.

[247] Qu X., Lee L. F., Yu J.. "QML Estimation of Spatial Dynamic Panel Data Models With Endogenous Time Varying Spatial Weights Matrices". *Journal of Econometrics*, 2017, Vol. 197, No. 2, pp. 173 – 201.

[248] Reinganum J. F.. "Uncertain Innovation and The Persistence of Monopoly". *American Economic Review*, 1983, Vol. , No. 73, pp. 741 – 748.

[249] Reinganum J. F.. "Market Structure and The Diffusion of New Technology". *The Bell Journal of Economics*, 1981, Vol. , No. , pp. 618 – 624.

[250] Reinganum M. R.. "The Effect of Executive Succession On Stockholder Wealth". *Administrative Science Quarterly*, 1985, Vol. , No. , pp. 46 – 60.

[251] Restuccia D., Rogerson R. "Misallocation and Productivity". *Review of Economic Dynamics*, 2013, Vol. 16, No. 1, pp. 1 – 10.

[252] Rey P., Vergé T.. "Resale Price Maintenance and Interlocking Relationships". *The Journal of Industrial Economics*, 2010, Vol. 58, No. 4, pp. 928 – 961.

[253] Sanyal P., Ghosh S.. "Product Market Competition and Upstream Innovation: Evidence From The US Electricity Market Deregulation". *Review of Economics and Statistics*, 2013, Vol. 95, No. 1, pp. 237 – 254.

[254] Scherer F. M.. "Firm Size, Market Structure, Opportunity, and The Output of Patented Inventions". *The American Economic Review*, 1965, Vol. 55, No. 5, pp. 1097 – 1125.

[255] Scherer F. M.. "Market Structure and The Employment of Scientists and Engineers". *The American Economic Review*, 1967, Vol. 57, No. 3, pp. 524 – 531.

[256] Schmidt, K. M.. "Managerial Incentives and Product Market Competition". *The Review of Economic Studies*, 1997, Vol. 64, No. 2, pp. 191 – 213.

[257] Shaffer G.. "Slotting Allowances and Resale Price Maintenance: A Comparison of Facilitating Practices". *RAND Journal of Economics*, 1999, Vol. 22, No. 1, pp. 120 – 135.

[258] Shapiro C.. "Navigating The Patent Thicket: Cross Licenses, Patent

Pools, and Standard Setting". *NBER Innovation Policy & The Economy*, 2001, Vol. , No. 1, pp. 119.

[259] Spengler J. J.. "Vertical Integration and Antitrust Policy". *Journal of Political Economy*, 1950, Vol. 58, No. 4, pp. 347 – 352.

[260] Spierdijka L., Zaourasa M.. "Measuring Banks' Market Power In The Presence of Economies of Scale: A Scale – Corrected Lerner Index". *Journal of Banking & Finance*, 2018, Vol. 87, No. , pp. 40 – 48.

[261] Spulber D. F.. "How Do Competitive Pressures Affect Incentives To Innovate When There Is A Market For Inventions?". *Journal of Political Economy*, 2013, Vol. 121, No. 6, pp. 1007 – 1054.

[262] Stein J. C.. "Efficient Capital Markets, Inefficient Firms: A Model of Myopic Corporate Behavior". *The Quarterly Journal of Economics*, 1989, Vol. 104, No. 4, pp. 655 – 669.

[263] Sunder J., Sunder S. V., Zhang J.. "Pilot Ceos and Corporate Innovation". *Journal of Financial Economics*, 2017, Vol. 123, No. 1, pp. 209 – 224.

[264] Tan Y., Tian X., Zhang X., Et Al. "The Real Effects of Privatization: Evidence From China's Split Share Structure Reform". *Kelley School of Business Research Paper*, 2015, Vol. , No. , pp.

[265] Tian X., Wang T. Y.. "Tolerance For Failure and Corporate Innovation". *The Review of Financial Studies*, 2014, Vol. 27, No. 1, pp. 211 – 255.

[266] Tingvall P. G., Poldahl A. "Is There Really An Inverted U – Shaped Relation Between Competition and R&D?". *Economics of Innovation and New Technology*, 2006, Vol. 15, No. 2, pp. 101 – 118.

[267] Tombe T., Zhu, X.. "Trade, Migration, and Productivity: A Quantitative Analysis of China". *American Economic Review*, 2019, Vol. 109,

No. 5, pp. 1843 – 1872.

[268] Van Der Wiel K.. "Better Protected, Better Paid: Evidence On How Employment Protection Affects Wages". *Labour Economics*, 2010, Vol. 17, No. 1, pp. 16 – 26.

[269] Williams C. C., Martinez – Perez A., Kedir A. "Does Bribery Have A Negative Impact On Firm Performance? A Firm – Level Analysis Across 132 Developing Countries". *International Journal of Entrepreneurial Behavior & Research*, 2016, Vol. , No. , pp.

[270] Williamson O. E.. "Innovation and Market Structure". *Journal of Political Economy*, 1965, Vol. 73, No. 1, pp. 67 – 73.

[271] Zhong R. I.. "Transparency and Firm Innovation". *Journal of Accounting and Economics*, 2018, Vol. 66, No. 1, pp. 67 – 93.

[272] Ziebarth, N. L.. "Are China and India Backward? Evidence From The 19th Century U. S. Census of Manufactures". *Review of Economic Dynamics*, 2013, Vol. 16, No. 1, pp. 86 – 99.